Un été à Paris
I. Darras

Editions Maison des Langues, Paris

COLLECTION INTRIGUES POLICIÈRES

Auteur : Isabelle Darras
Coordination éditoriale : Lourdes Muñiz
Révision pédagogique : Philippe Liria
Conception de couverture : Enric Jardí
Image de couverture : Roman Gorielov/Fotolia.com
Conception graphique et mise en page : Luis Luján, Veronika Plainer, Aleix Tormo
Activités : Cécile Canon
Enregistrements : Bernadette Martial
Réalisation et montage : Ton in Ton Medienhaus, Stuttgart
Musique : Selected Sound

© Photographies, images et textes
Chapitre 1 p. 9 Zigazou76/Flickr, p. 11 ParisSharing/Flickr, p. 14 Guillaume Cattiaux/Flickr ; Chapitre 2 p. 16 Olivier Bruchez/Flickr, p. 18 ZapTheDingbat/Flickr, p. 19 Fred_v/Flickr, p. 20 Slasher-fun/Flickr, p. 21 Terre de Sienne/Fotolia.com, p. 24 Marc Cecchetti/Fotolia.com ; Chapitre 3 p. 25 Zoetnet/Flickr, p. 26 VicWJ/Flickr, p. 27 Happyskrappy/Flickr ; Chapitre 4 p. 30 Olivier Bruchez/Flickr, p. 33 Terre de Sienne/Fotolia.com ; Chapitre 5 p. 35 Ferdinand Harmsen/Flickr, p. 36 Dalbera/Flickr, p. 38 Sheilaellen/Flickr, p. 39 Jdelcidr/Flickr ; Chapitre 6 p. 40 AndyRobertsPhotos/Flickr, p. 42 Levork/Flickr ; Chapitre 7 p. 46 Xlibber/Flickr ; Chapitre 8 p. 50 Julien H/Flickr, p. 51 Jot.punkt/Flickr, p. 53 Besopha/Flickr, p. 55 Chloester/Flickr ; Activités p. 59 Ppolecho/Fotolia.com, p. 67 Drams/Fotolia.oom, Luic Ectallo/Fotolia com, p. 71 Joseph Cox/Fotolia.com, p. 73 Jose Ignacio Soto/Fotolia.com ; Dossier culturel p. 74 Difusion, L.Bouvier/Fotolia.com, JPC-PROD/Fotolia.com, ChantalS/Fotolia.com, p. 75 FOOD-pictures/Fotolia.com, p. 76 Morane/Fotolia.com, pp76/Fotolia.com, p. 77 Skinnylawyer/Flickr, Besopha/Flickr, p. 78 Graphies.thèque/Fotolia.com, Zilux/Flickr, p. 79 Frederic Reglain/Getty Images

N.B : Toutes les photographies provenant de www.flickr.com, sont soumises à une licence de Creative Commons (Paternité 2.0 et 3.0)

Basé sur *Un été à Paris*. © Ernst Klett Verlag GmbH, Stuttgart, Allemagne, 2008
© Difusión, Centre de Recherche et de Publications de Langues, S.L., 2012

Tous les textes et documents de cet ouvrage ont fait l'objet d'une autorisation préalable de reproduction. Malgré nos efforts, il nous a été impossible de trouver les ayants droit de certaines oeuvres. Leurs droits sont réservés à Difusión, S. L. Nous vous remercions de bien vouloir nous signaler toute erreur ou omission ; nous y remédierions dans la prochaine édition.

Toute forme de reproduction, distribution, communication publique et transformation de cet ouvrage est interdite sans l'autorisation des titulaires des droits de propriété intellectuelle. Le non-respect de ces droits peut constituer un délit contre la propriété intellectuelle (art. 270 et suivants du Code pénal espagnol).

ISBN édition internationale : 978-84-8443-893-9
ISBN édition espagnole : 978-84-683-0621-6

Dépôt légal : B-14041-2012
Imprimé dans l'UE

www.emdl.fr

Un été à Paris

Pendant les vacances scolaires, Lisa travaille dans un bateau-bus sur la Seine. Un jeune homme attire son attention : il prend tous les jours le bateau et ses agissements sont très suspects. Lisa décide de le suivre en secret dans les quartiers de Paris.

Un été à Paris

Sommaire

	Préface	6
	Avant lecture	8
1.	**Lisa a peur des voleurs**	9
2.	**Lisa a peur de faire du vélo**	16
3.	**Lisa a peur du RER**	25
4.	**Lisa a peur des attentats**	30
5.	**Lisa a peur de la foule**	35
6.	**Lisa a peur d'être malade**	40
7.	**Lisa a peur de l'eau**	46
8.	**Lisa n'a plus peur**	50
	Activités	58
	Dossier culturel	74
	Glossaire	80

Préface

Chère lectrice, cher lecteur,

Le livre que vous avez entre les mains fait partie d'une collection de lectures progressives qui a pour objectif de :
- vous divertir en vous plongeant dans une intrigue policière faite de suspense et de rebondissements ;
- vous inviter à découvrir la richesse culturelle des villes et régions de France en vous présentant certaines de leurs facettes peut-être encore inconnues ;
- perfectionner votre maîtrise du français tant à l'écrit (grâce à cette lecture) qu'à l'oral (à l'aide du CD MP3 que vous trouverez en avant-dernière page de couverture).

Stratégies de lecture
Comment prendre plaisir à lire en français langue étrangère ?
Chaque lecteur étant différent, nous ne sommes pas en mesure de vous donner la recette idéale pour entrer dans le récit. Par contre, nous pouvons vous donner quelques conseils qui devraient vous être d'une grande aide.
- Ne recourrez pas systématiquement au dictionnaire et n'essayez surtout pas de traduire chaque mot. Faites plutôt appel à vos connaissances de votre langue maternelle ou d'une autre langue.
- Aidez-vous du contexte et de votre lecture des chapitres précédents pour comprendre de quoi il est question. Vos connaissances de la langue française sont, par ailleurs, certainement suffisantes pour vous permettre de comprendre l'essentiel. Et puis, les mots qui pourraient réellement vous poser problème sont annotés en bas de page.
- Essayez de visualiser ce que vous lisez. Un livre n'est pas une suite de mots imprimés. C'est avant tout une histoire qui raconte un moment de la vie des personnages, dans un lieu bien particulier. À vous d'imaginer ces personnages, de vous représenter leur façon d'être et le cadre dans lequel ils évoluent. N'hésitez pas à faire preuve d'imagination !

Et si celle-ci venait à vous manquer, les photos qui accompagnent les textes vous aideront à ressentir l'atmosphère dans laquelle se déroule l'histoire.

Apports culturels
Comment appréhender la diversité culturelle française ?
Pour approfondir votre découverte de ces petits coins de France, un dossier culturel vous attend en fin d'ouvrage. Il présente les atouts touristiques les plus pertinents de la ville ou de la région où se déroule l'histoire, les personnalités qui l'ont rendue célèbre, les produits phares de sa gastronomie, des recettes à réaliser et à partager entre amis... Ce dossier culturel vous donnera certainement envie de voyager en France.

Aspects pédagogiques
Pourquoi des activités après la lecture ou l'écoute du CD MP3 ?
Les activités proposées en fin d'ouvrage vous permettront de :
- vérifier que vous avez bien compris l'histoire ;
- développer vos connaissances lexicales ;
- renforcer vos connaissances grammaticales ;

et surtout apprendre de façon ludique.

À travers les activités « Projet Internet » et « Réflexion culturelle », nous vous invitons à explorer les nombreux sites Internet francophones à la recherche d'informations authentiques sur la ville et la région et à mettre en regard certains aspects de la culture française avec votre propre culture.

Considérez ce livre comme un ami qui vous accompagne un petit moment et qui viendra enrichir votre apprentissage de la langue française.

Et maintenant ? Place à la lecture de *Un été à Paris.*

Avant lecture

1. La couverture

a) Regardez l'image de la couverture. Décrivez-la en quelques mots.
_____

b) Qu'évoque pour vous cette image ? Quelles impressions vous suggère-t-elle ?
_____

2. Le titre

a) Comprenez-vous le titre ? _____

b) D'après vous, comment est la vie à Paris l'été ? Listez les avantages et les inconvénients à visiter Paris pendant cette saison.

Avantages	Inconvénients

c) Que savez-vous de la capitale de la France ? Classez les mots ci-dessous dans une des catégories du tableau.

La Tour Eiffel – Le Louvre – La Concorde - L'Arc de Triomphe – L'Opéra – Le Quartier Latin – Montmartre – Belleville – Les Champs Élysées – Le Centre Pompidou – La Butte aux cailles – Orsay – Le forum des Halles – Le Sacré Cœur

Quartiers	Musées	Monuments	Lieux

3. La quatrième de couverture

L'intrigue policière.

Faites des hypothèses sur la personnalité de Lisa, l'identité du jeune homme et les quartiers de Paris dans lesquels Lisa va partir à sa poursuite.

_____

_____

La Seine est un fleuve français, long de 777 kilomètres, qui coule dans le Bassin parisien et arrose Troyes, Paris, Rouen et le Havre. Sa source se situe à 446 mètres d'altitude à Source-Seine, en Côte d'Or.

1 Lisa a peur des voleurs

Lisa avait tourné la tête. Quelle horreur ! Elle devait regarder l'eau, mais elle avait peur. Elle se demandait pourquoi elle avait eu cette drôle d'idée de travailler sur un *Batobus*. Elle détestait l'eau depuis toujours.

Mais maintenant, il fallait faire vite : un petit garçon manquait dans le groupe d'enfants qui était monté sur le bateau tout à l'heure à la tour Eiffel. Lisa craignait[1] le pire. Il était peut-être tombé dans la Seine… ? Mais personne n'avait rien vu, rien entendu. Lisa n'avait rien remarqué non plus. À quoi avait-elle bien pu penser ? Son travail n'était pas de rêver, c'était de faire attention aux passagers, surtout quand il y avait des enfants. Depuis le premier jour, Patrick, le capitaine du *Batobus*, l'avait répété à Lisa :

— La sécurité, n'oublie pas, c'est ce qu'il y a de plus important !

Mais où était donc ce petit ? Derrière Lisa, une des monitrices[2] du groupe avait l'air très inquiète. Elle devait avoir le même âge qu'elle. Seize ou dix-sept ans. Pour elle aussi c'était peut-être son premier job d'été. Lisa, elle, devait toujours avoir le sourire. Il fallait éviter la panique sur le bateau. Elle avait enfin réussi à se pencher au-dessus de la Seine. L'eau était noire et sale, mais presque calme. Non, l'enfant ne pouvait pas être tombé. Ce n'était pas possible.

Lisa appelait :

— Antoine ! Antoine !

Mince*, le bateau avait quitté l'escale[3] des Champs-Élysées et il allait bientôt s'arrêter devant le musée d'Orsay. Lisa devait vite trouver le petit garçon. C'était une question de vie ou de mort.

Tout à coup, la jeune fille avait entendu quelque chose. Elle s'était arrêtée pour écouter. Mais maintenant, elle n'entendait plus rien. Ce n'était pas normal : quelqu'un avait ouvert la porte qui conduisait à la cabine du capitaine du bateau. Pourtant, une affiche interdisait l'entrée. Mais un petit garçon ne pouvait pas ouvrir cette porte tout seul. Elle était trop lourde.

Lisa était prête à crier au secours.

— Salut !

C'était le petit Antoine. Il était là devant elle tout content.

— Ah, tu es là, je t'ai cherché partout !

Ouf ! Tout allait bien. Antoine rigolait. Derrière lui, quelqu'un arrivait. Lisa ne l'avait pas vu tout de suite. Elle avait sursauté[4] :

— Aahh !

— Excuse-moi, je ne voulais pas te faire peur ! avait dit le jeune homme aux cheveux noirs et aux yeux marron qui accompagnait le petit garçon.

Lisa l'avait tout de suite reconnu. Elle l'avait remarqué[5] dès[6] son premier jour de travail. Ce passager montait chaque jour sur le *Batobus* de 10 h 45 à la tour Eiffel et en descendait à Notre Dame. Ce n'était donc pas un touriste. Mais il posait toujours des questions à Chloé ou à Lisa sur le bateau, les prix. Il ne regardait pas les monuments et passait en fait son temps à écrire dans un petit cahier rouge. Il avait aussi toujours avec lui un vieux sac noir. Lisa et Chloé se demandaient qui était ce jeune homme et pourquoi il prenait le bateau et pas le

---

* **Mince !** : interjection signifiant dommage.

métro ou le bus comme tout le monde. C'était même devenu un jeu entre Lisa et Chloé.

— Il voulait jouer au ballon. Je l'ai vu quitter le groupe, alors je l'ai suivi. Un bateau, c'est super dangereux pour un petit, pas vrai ?
Lisa voyait rouge. Non mais pour qui se prenait[7] ce type* ? Un mot de plus, et elle allait exploser. En fait, elle n'aimait pas du tout quand un passager la tutoyait. D'accord, elle avait l'air jeune. D'accord, il était plus vieux qu'elle. Il avait peut-être dix-huit ou dix-neuf ans. Mais ils n'avaient pas gardé les cochons ensemble* !! Il n'avait aucune raison de ne pas la respecter. Elle portait l'uniforme bleu des matelots[8] du *Batobus*. Il ne l'avait pas vu ?

Lisa n'avait donc rien répondu. Elle avait accompagné Antoine jusqu'à sa place, et la monitrice était si contente qu'elle[9] avait embrassé Lisa. Dans le groupe des enfants, c'était la fête. Ces petits Toulousains[10] voyaient la vraie cathédrale Notre Dame de Paris pour la première fois et ils étaient heureux. Ils criaient : « Y'a la même que dans le film de Walt Disney ! » et ils n'arrêtaient pas de parler.

La Butte aux Cailles est un quartier de Paris situé dans la partie occidentale du 13ᵉ arrondissement de Paris. La Butte aux Cailles était à l'origine une colline recouverte de prairies et de bois et tire son nom de Pierre Caille qui en fait l'acquisition en 1543.

* **Un type** *(fam.)* : un homme.
* **Garder les cochons ensemble** *(pop.)* : être ami avec qn.

Après Notre Dame, le bateau était presque vide. Il était déjà midi et le soleil du mois d'août était en fait bien trop chaud pour prendre le *Batobus*. Lisa pensait encore au garçon au sac noir. Elle était sûre qu'il n'avait pas suivi le petit Antoine pour lui éviter un danger. Il avait eu une idée derrière la tête.[11] Il pouvait bien lui raconter tout ce qu'il voulait, elle ne l'imaginait pas en gentil saint-bernard[12]. Depuis quinze jours, elle l'avait bien observé. Au début, elle avait eu le sentiment de l'avoir déjà rencontré dans son quartier, à la Butte aux Cailles, dans le 13ᵉ.

Mais non, elle devait confondre[13] : il y avait plein de garçons comme lui, cheveux noirs, jeans, baskets.

Chloé avait son explication. Pour elle, c'était sûr : le jeune homme au sac noir était amoureux d'elle ! La jeune femme savait qu'elle était jolie et qu'elle plaisait aux garçons. Elle pensait que le jeune homme montait dans le bateau tous les jours pour la voir. Elle disait à Lisa :

— Il a flashé* sur moi et moi, je vais bientôt flasher sur lui aussi. Il est pas mal, hein ? Il a quelque chose !

Lisa répondait :

Bof ! Je vois pas. Tu penses vraiment qu'un mec* peut faire ça ? Venir tous les jours sans rien dire, tout ça pour tes beaux yeux ?

— Arrête de voir toujours tout en noir, ma pauvre Lisa ! C'est fou d'être comme ça à ton âge ! Tu rêves donc jamais ?

C'était tout le contraire. Lisa n'arrêtait pas de rêver, elle rêvait tout le temps. À la fin, c'était trop. Son esprit voyageait jour et nuit. Rêver, c'était bien joli, mais la vie était différente.

Puis un jour, Chloé était arrivée avec l'air d'avoir inventé la machine à rendre amoureux. Elle avait LA solution :

— J'ai pensé à un truc !

Ça commençait mal…

— En fait, il vient pour toi. J'ai fait attention : il est jamais là quand tu travailles pas. Ensuite, c'est une chose que je peux pas t'expliquer,

---

* **Flasher sur qn** *(fam.)* : être attiré par qn.
* **Un mec** *(fam.)* : un garçon.

mais on le voit comme le nez au milieu de la figure* : il est amoureux de toi, c'est sûr !!

Lisa avait rigolé. Chloé était drôle. Elle était déjà assez vieille, elle devait avoir dans les vingt-cinq ans, mais elle raisonnait[14] comme une petite fille. D'abord, elle n'aimait que la couleur rose, elle n'achetait que des magazines sur les stars et les rois, elle croyait aux fées, elle ne regardait que des films d'amour et elle ne lisait que des histoires de princes charmants[15]. Lisa et Chloé ne vivaient vraiment pas sur la même planète ! Pour Lisa, Chloé racontait des bêtises. En plus, comme Lisa avait un copain, Valentin, les autres garçons ne l'intéressaient pas.

Lisa, elle, avait d'autres explications au sujet du[16] garçon au sac noir. Elle avait d'abord pensé que c'était un pickpocket[17] de vieilles dames parce qu'il s'asseyait souvent à côté d'une grand-mère. Elle en avait même parlé à Patrick. Mais Patrick avait rigolé.

— Bon, si c'est pas un pickpocket, avait répondu Lisa, c'est sûrement un dealer. Il colle peut-être un petit paquet de drogue sous le banc et quelqu'un le ramasse derrière lui.

— T'as trouvé quelque chose ?

— Non, mais c'est peut-être un espion[18] parce qu'il passe son temps à faire des dessins dans un petit cahier rouge.

— Et, moi, je suis le président de la République ! riait toujours Patrick.

— Tu trouves ça normal, toi, un type de dix-huit ou dix-neuf ans qui prend le bateau tous les jours ?

— C'est quand même[19] pour ça qu'on est là ! Pour les touristes et les Parisiens qui n'aiment pas prendre le métro ou le bus !

— D'accord, y'a 95% de touristes… et, pour le reste, tu parles des vieux Parisiens qui n'ont rien d'autre à faire…

— Des dingues*, y'en a* partout, Lisa…

— Il parle à son sac. Je l'ai vu.

— Ben, tu vois, c'est un fou… C'est peut-être un fou gentil !

---

* **Se voir comme le nez au milieu de la figure :** être évident.
* **Un dingue *(fam.)* :** un fou.
* **Y en a *(oral)* :** Il y en a.

Tu imagines toujours des histoires à dormir debout[20]. Y'a pas des gens méchants partout !

    Patrick l'énervait quand il lui faisait la morale[21]. Elle essayait de ne pas réagir et de ne rien dire parce que Patrick, c'était l'ami et le voisin de sa famille. Il était surtout le seul à qui Lisa montrait les textes qu'elle écrivait. Il lui donnait des conseils et il l'aidait parce qu'avant d'être capitaine du *Batobus*, il avait été prof de français. C'était aussi grâce à Patrick que le propriétaire des *Batobus* de Paris avait engagé[22] Lisa. La jeune fille avait eu seize ans le 14 juillet dernier. Officiellement, elle avait le droit de travailler. Mais dans la réalité, c'était difficile de trouver un emploi à seize ans ! Alors, Lisa était bien contente d'avoir ce job. Et puis, elle aimait ce travail de matelot.

Le pont des Arts. C'est un pont reliant l'Institut de France dans le 6ᵉ arrondissement et la cour carré du palais du Louvre (qui s'appelait « palais des Arts » sous le Premier Empire), dans le 1ᵉʳ arrondissement. Le pont des Arts est monument historique depuis 1975.

    Elle prenait les tickets des passagers, elle répondait à leurs questions, elle faisait attention à leur sécurité. Ce n'était pas très difficile, et elle découvrait un autre Paris. Car jusque-là, elle n'avait jamais eu l'idée de faire un tour en bateau sur la Seine. Depuis, elle comprenait mieux pourquoi les touristes aimaient ça. C'était si beau sous les ponts de Paris, surtout le matin très tôt ou le soir très tard ! Bon, bien sûr, ensuite, il fallait aussi laver le bateau ! Ce travail était moins drôle et même souvent vraiment dur !

Avec l'argent qu'elle allait gagner sur le *Batobus*, Lisa voulait voyager. Elle voulait visiter des pays comme sa copine Louise qui était partie cet été à vélo. Enfin, pas vraiment comme Louise. Lisa détestait être seule. Et s'il lui arrivait quelque chose loin de chez elle, dans un pays où elle ne connaissait personne et dont elle ne parlait pas la langue ? Voyager à deux, c'était plus sûr. Déjà, à Paris, tout était si dangereux. Lisa avait peur des accidents de la route parce que les gens roulaient comme des fous, de la pollution[23] qui était vraiment grave et des voleurs qu'on ne voyait pas dans la foule. Et comme beaucoup de monde dans la capitale, depuis le 11 septembre 2001, elle craignait aussi les attentats. Un petit paquet tout seul dans le métro, et c'était la panique !

Le cimetière du Père Lachaise. C'est le plus grand cimetière de Paris intra-muros et l'un des plus célèbres dans le monde. Situé dans le 20ᵉ arrondissement, de nombreuses personnes célèbres y sont enterrées. Il a été classé monument historique en 1993.

2 Lisa a peur de faire du vélo

Comment je suis ?

Chloé regardait Lisa avec impatience. Mais Lisa ne l'entendait pas.
— Hé, oh !!
5 — Quoi ?
— T'as vu mon nouveau t-shirt ?
Chloé avait déjà rangé son uniforme bleu et portait un t-shirt rose, très court. Elle avait aussi un pantalon blanc et plein de bijoux[1]. Elle avait l'air d'un sapin de Noël[2] en plein été. Quand elle ne travaillait
10 pas, Chloé avait deux projets dans la vie : trouver le prince charmant et passer à la télé. Lisa lui disait :
— Le prince charmant, on l'a inventé, tu savais pas ?
— Et toi, t'es jalouse ou malheureuse, ou peut-être les deux ? Allez, je discute pas avec toi. On enregistre ce soir !
15 Lisa traduisait : Chloé voulait dire qu'elle était dans le public d'une émission de télé. C'était un peu son deuxième travail. D'ailleurs[3], on la payait pour ça. Les studios n'étaient pas loin, sur la rive droite de la Seine.

— Lisa, t'es encore là ?
— Ben, toi aussi, et ton émission de télé ?
— Je voulais te dire : t'es vraiment pas sympa comme fille ! Tu m'avais caché que ton copain était super canon !
— Mon copain ? Comment tu le sais ? Il est à Font-Romeu* !
— Ben, y'a un type qui t'attend dehors, t'as trop de chance !

Chloé avait fermé la porte. Lisa venait de comprendre que le mec super canon qui l'attendait, c'était Franck, son cousin. Franck avait eu la bonne idée de venir habiter chez elle pendant que ses parents et son petit frère passaient le mois d'août en Bretagne, sur l'île de Groix, dans un camping où ils allaient chaque année. Avec Franck à la maison, Lisa n'avait pas peur de rester seule à Paris. D'abord, il avait vingt-trois ans. Ensuite, il était ceinture[4] noire de judo. Il était venu à Paris pour passer le concours des beaux-arts[5]. Franck détestait Paris. Il préférait des villes comme Lyon ou Toulouse. En fait, il adorait la campagne. Il avait toujours habité en Bourgogne, dans un village de Saône-et-Loire. Pour lui, Paris était une ville trop grande, pas cool du tout, sale, chère, polluée[6]. Il pensait que seuls les gens qui avaient de l'argent pouvaient y vivre bien. Tout cela n'était pas faux, mais Lisa voulait aussi montrer un autre Paris à Franck.

— Salut, Franck ! avait-elle dit au jeune homme qui était déjà en train de dessiner la tour Eiffel. On va au Père Lachaise ?
— Salut ! J'ai encore besoin de cinq minutes, d'accord ?

Franck était plongé dans son dessin. Lisa n'aimait pas trop les dessins de son cousin. Il ne dessinait que des ponts, des églises, des immeubles, des voitures… et des vaches aussi ! Mais il n'avait pas encore vu de vaches à Paris !

Lisa et Franck avaient donc pris le 69*. Lisa aimait visiter Paris avec son cousin. Elle était née à Paris, mais elle ne connaissait pas toute la ville. La dernière fois, les deux cousins avaient descendu les Champs-Élysées, une des plus belles avenues du monde, de la place de l'Étoile à la place de la Concorde. Une vraie excursion de plus de deux kilomètres !

PISTE 4

* **Font-Romeu** est une ville située dans le département des Pyrénées Orientales.
* **69** : ici le bus numéro 69.

— C'est sûr, je pouvais pas manquer ça, mais bon, je voudrais pas seulement aller dans les endroits où vont les touristes, lui avait dit Franck.

L'avenue des Champs-Elysées est considérée par beaucoup comme la plus belle avenue de la capitale voire du monde. En haut de cette avenue mythique, se trouve la place de l'Étoile.

— On peut aller dans le quartier du Père Lachaise, avait proposé Lisa.
— Mais, le Père Lachaise, c'est un cimetière[7], non ?
— Tu sais, le Père Lachaise, c'est le plus grand et le plus vieux parc de Paris. Y'a* plein d'arbres. C'est très sympa de s'y promener.
— Des arbres, chez moi, j'en ai plein.
— Ok, mais pour toi qui veux faire les beaux-arts, le Père Lachaise, c'est un peu le cimetière des artistes : Modigliani, Chopin, Édith Piaf, Jim Morrison, Rossini, ils sont tous là-bas. Mais on va pas rester toute la journée. De là, on peut visiter Belleville, c'est un quartier très vivant[8]. Y'a beaucoup de monde dans les rues. En plus, le vendredi, c'est génial ! Y'a un marché super où tu peux acheter tout ce que tu veux et c'est pas cher !

* **Y'a *(oral)* :** il y a.

Un été à Paris

— On pourrait y aller à vélo ?

Lisa avait regardé son cousin avec horreur. À Paris, rouler à vélo, c'était vraiment trop dangereux. En plus, avec le bus, on voyait tout Paris. Pour rentrer, elle pensait prendre le 96 jusqu'à Saint-Michel. Le bus passait dans le quartier branché de la rue Oberkampf, devant le Cirque d'Hiver, dans le vieux quartier du Marais et à côté des bouquinistes[9] et du marché aux fleurs.

Les bouquinistes de Paris sont des libraires de livres anciens et d'occasion présents sur une grande partie des quais de Seine.

— Regarde, Lisa ! C'est quoi ça ?

Franck montrait les quais de Seine à sa cousine. Derrière le pont des Arts, on voyait une foule de gens en maillots de bain comme sur les plages de Nice ou d'Antibes.

C'était Paris-Plage. La mairie avait transformé les quais[10] de la Seine en plage pour les Parisiens qui ne partaient pas en vacances.

— Les Parisiens sont vraiment trop oufs*, rigolait Franck. Il faut le voir pour le croire ! Mais c'est sympa !

— Ah, non ! Tu parles, c'est super nul ! C'est du cinéma !

Lisa ne connaissait pas beaucoup de Parisiens qui restaient à Paris au mois d'août. Le père de Lisa, qui était chauffeur de taxi, travaillait comme un fou toute l'année pour quitter la capitale en août et pas à une autre date. Tous les copains de Lisa étaient partis. Valentin faisait de l'escalade à Font-Romeu. Cécile était chez sa grand-mère à Saint-Tropez. Pierre et Adrien faisaient de la voile à Fécamp. Et Marie prenait des cours d'anglais à Liverpool. Dans les rues de Paris au mois d'août, il n'y avait pas un chat. À la Butte aux Cailles, c'était le seul moment où on trouvait sans problème une place pour se garer. Mais malheureusement, il n'y avait plus qu'une seule boulangerie d'ouverte : celle qui faisait le plus mauvais pain.

Paris Plages est une opération estivale menée par la mairie de Paris depuis 2002. Chaque année entre juillet et mi-août, sur 3,5 kilomètres, les quais de Seine accueillent des activités sportives et ludiques, des plages de sable, des palmiers, etc.

* **Oufs (fam.)** : fous en verlan. Le verlan est une forme d'argot qui consiste à inverser les syllabes d'un mot.

— Bon, on descend si tu veux, on va voir Paris-Plage de plus près. Le Père Lachaise, ce sera pour un autre jour.
— Oui, mademoiselle ! Bien, mademoiselle !
— Tu peux pas arrêter avec tes « mademoiselle » ?
Franck rigolait. C'était vraiment facile d'énerver Lisa.

Le lendemain, la journée de Lisa avait mal commencé. Son réveil n'avait pas sonné. Il n'y avait rien à manger pour le petit-déjeuner.
Franck avait encore oublié de faire les courses. La jeune fille avait passé un quart d'heure à chercher son portable et elle l'avait finalement retrouvé dans un saladier sur l'étagère de la cuisine ! Elle était même partie sans boire son bol[11] de chocolat. Dehors, il faisait très beau et la Butte aux Cailles était comme une île dans la ville, tranquille et magnifique.

L'île de Groix se situe en Bretagne dans le département du Morbihan.

Vraiment, rien n'invitait Lisa à aller travailler. En plus, c'était un jour férié[12], le 15 août, et ce jour-là, le quartier était encore plus vide qu'un dimanche. Même le petit magasin algérien[13] était fermé et la boulangerie qui faisait du mauvais pain avait collé une affiche : « En vacances du 15 au 31 août ». Ensuite, le métro ne s'était pas arrêté à la station Corvisart à cause d'un accident et du coup[14], Lisa avait dû marcher jusqu'à la place d'Italie.

Pour la première fois, Lisa n'avait pas eu envie de retrouver le *Batobus*. En fait, elle n'avait envie de rien. Elle était fatiguée. Elle travaillait la journée, souvent aussi le soir et quand elle n'était pas sur le *Batobus*, elle visitait Paris avec Franck. C'était trop. Elle avait seulement seize ans ! Elle regrettait[15] presque de ne pas être partie en vacances avec ses parents sur l'île de Groix.

Pourtant, elle avait été contente de rester sans eux. Elle en avait assez : ils se disputaient beaucoup et toujours devant elle. Elle se demandait parfois pourquoi ils étaient encore ensemble.

Mais à Paris, le mois d'août était mortel*. Tout à coup, plus rien ne plaisait à Lisa. Tout l'énervait même. D'abord, il y avait Chloé : Lisa travaillait avec elle, mais elle n'avait rien à lui dire. Ensuite, Patrick la voyait toujours comme une enfant et il était « l'espion » de ses parents. Et puis, Lisa n'aimait pas cet uniforme bleu très laid qu'elle devait porter : elle avait l'air d'un schtroumpf*. Il y avait aussi toujours ces deux ou trois touristes qui n'étaient jamais contents et qui se plaignaient sans arrêt. Et en plus, après, il fallait laver le bateau, quelle galère[16] !

Maintenant, Lisa comptait les jours. Cinq jours. Cela faisait cinq jours que Valentin ne lui avait pas envoyé de SMS. Depuis le début des vacances, il ne lui avait pas écrit souvent ou seulement quelques mots. Mais là, c'était le silence. Lisa imaginait toutes les raisons possibles pour expliquer le silence de Valentin. Son copain ne l'aimait plus, ou alors il avait eu un accident très grave et il était à l'hôpital. Mais non, en fait, il avait rencontré une autre fille et il l'avait oubliée, elle, Lisa, seule[17] au monde, seule et triste.

Elle avait envie de pleurer et de partir loin, très loin de Paris au mois d'août. Elle voulait déjà être au mois de septembre, rentrer au lycée même si[18] elle avait un peu peur. Elle allait entrer en seconde. C'était important maintenant. Les années collège étaient derrière elle. Devant elle, il y avait le bac à préparer. Elle avait trois ans pour

---

* **Mortel (fam.)** : ici, ennuyant.
* **Un schtroumpf** est un personnage d'une bande dessinée belge créée par Peyo.

ça. Mais tout commençait maintenant si elle voulait avoir de bonnes notes et si elle voulait entrer dans la meilleure école de cinéma de Paris. Déjà, elle avait dû travailler dur. Quelle chance d'être au lycée Henri IV* ! Mais depuis le début des vacances, Lisa n'avait même pas encore ouvert un livre.

Vraiment, cet été, elle n'avait rien réussi… Lisa se sentait triste et nulle. Elle ne pouvait parler de tout ça à personne. Franck ne pensait qu'à son concours et allait se moquer de ses histoires d'enfant. Chloé n'avait rien dans la tête et Patrick savait déjà trop de choses. Lisa pensait à ses copines qui étaient en vacances. Elle essayait d'oublier Valentin. Ses parents la croyaient super contente. Quand elle leur téléphonait, elle jouait le rôle de la fille qui va bien. Elle ne pouvait pas leur avouer que c'était le contraire et qu'elle avait besoin d'eux. Elle avait eu seize ans et elle devait se débrouiller sans papa et maman !

— T'es en retard ce matin, Lisa ! avait dit Patrick quand Lisa était enfin arrivée sur le *Batobus*.

— Y'a eu un accident dans le métro !

— Faut te coucher plus tôt, le soir, Lisa !

Lisa détestait quand il jouait à être son père.

— Tiens, il est encore là ! pensait Lisa.

Le garçon au sac noir était monté sur le bateau comme chaque jour. Elle lui avait fait un sourire comme aux autres passagers mais aujourd'hui, il ne lui avait pas répondu. Lisa se demandait pourquoi. Est-ce qu'il savait que Lisa avait deviné ses projets ?

— Bonjour, monsieur ! Bonjour, madame ! Bienvenue sur le *Batobus* !

— C'était génial hier soir… Bonjour, madame !… La télé, c'est vraiment super… Bienvenue !… Welcome on board!… J'ai rencontré un type qui pourrait peut-être m'aider à jouer dans un film !

Chloé racontait ses aventures à la télé, mais Lisa ne l'écoutait pas. Elle détestait le petit écran[19]. Lisa regardait le garçon au vieux sac noir. Il était seul sur son banc. Pas de chance pour lui : aujourd'hui, il n'y avait pas d'enfants à kidnapper. Il sortait de son sac des paquets

---

* **Le lycée Henri IV** est l'un des plus réputés de France pour ses résultats au baccalauréat et aux concours d'entrées dans les Grandes Écoles.

de spaghettis et des boîtes de sauce tomate et les comptait. Est-ce qu'il allait vraiment manger tout ça ? Est-ce qu'il volait aussi dans les supermarchés ? Ce type était vraiment trop louche[20].

— Tu dois avoir un message, Lisa ! Ton portable ! Ton portable sonne !

La jeune fille n'avait rien entendu. Pourtant, Chloé avait raison. Lisa avait reçu un message. C'était peut-être Valentin. Il ne l'avait donc pas oubliée ! Il l'aimait toujours. Mais, malheureusement, non, ce n'était pas Valentin. Lisa lisait :

Coucou ! C[21] Ccile[22] ! Ici c bo[23] et c Gnial[24]. G[25] 1 cop1[26] allemand.
Je comprends rien mais il embrasse bien. G 1 Kdo[27] pour toi.
Biz et à +[28]

Lisa avait mal au ventre. Cécile passait de bonnes vacances chez sa grand-mère, à Saint-Tropez. Pourquoi Lisa avait-elle eu cette idée de travailler pendant l'été ? Ses parents n'avaient rien demandé. À son âge, elle pouvait encore s'amuser. Elle avait toute la vie pour travailler ! Elle était vraiment trop bête.

Saint-Tropez est une station balnéaire internationalement connue de la Côte d'Azur grâce à l'engouement des artistes de la Nouvelle Vague et plus récemment de la Jet set européenne et américaine.

Datant de 1900, le métro de Paris comporte 14 lignes essentiellement souterraines et totalisant 215 km. Devenu un des symboles de Paris, il se caractérise par la densité de son réseau et par son style architectural influencé par l'Art nouveau.

3 Lisa a peur du RER*

PISTE 6

Lisa avait suivi sans réfléchir la foule des touristes qui descendaient à Notre Dame. Elle ne savait pas très bien où elle allait, mais elle voulait quitter le *Batobus*. Derrière elle, elle entendait Chloé qui l'appelait, mais Lisa continuait. Devant elle, il y avait le garçon au sac noir. Il marchait vite. Lisa avait encore eu cette impression[1] bizarre : elle croyait l'avoir déjà vu. Il avait quelque chose que Lisa avait déjà remarqué. Mais où ? Maintenant, elle voulait savoir. Elle devait trouver qui était ce type qui prenait tous les jours le *Batobus*.
Le garçon avait traversé le pont et était descendu dans le RER, à Saint-Michel.

Lisa détestait cette station parce qu'elle avait souvent entendu ses parents parler de l'attentat du 25 juillet 95 dans le RER B. Il y avait eu huit morts et cent cinquante blessés. Mais aujourd'hui, la jeune fille ne voulait pas trop penser à ça. Elle détestait ces escalators[2] interminables[3] :

---

* **Le RER** (Réseau Express Régional) sont les trains qui desservent Paris et son agglomération.

cette impression de descendre jusqu'au centre de la terre la paniquait. Il y avait peu de lumière. Lisa ne voulait pas perdre le garçon des yeux[4]. Il n'y avait pas un chat, ce qui était normal pour un 15 août. Elle faisait très attention : le garçon ne devait surtout pas la remarquer. Sur le quai[5] du RER, c'était déjà plus facile. Des gens allaient et venaient. Mais ensuite, dans la voiture vide du RER, c'était plus difficile.

Le garçon était descendu à la gare du Nord. Derrière lui, Lisa courait presque. Il marchait beaucoup plus vite qu'elle. Cinq minutes plus tard, il entrait dans le métro à La Chapelle. Lisa se demandait jusqu'où le garçon voulait aller. Est-ce qu'il passait ses journées dans les transports en commun ? Ou est-ce qu'il allait vraiment quelque part ? Il était finalement sorti du métro à la station Blanche. Lisa ne se sentait pas très bien dans ce quartier qu'elle ne connaissait pas. Le garçon au vieux sac noir continuait d'aller tout droit, dans la rue Lepic. Tout à coup, il s'était retourné. Pourquoi est-ce qu'il regardait dans sa direction ? Est-ce qu'il l'avait vue ? Elle portait des lunettes noires, mais elle avait toujours son uniforme bleu. Elle s'était vite cachée derrière une voiture. Elle était restée là de longues minutes avant de repartir. Mais le garçon n'était plus là.

— Mince ! Mais où est-ce qu'il est ?

Elle croyait l'avoir perdu, mais soudain, il était là, devant le 13 de la rue Lepic. Il entrait dans un bel immeuble. Elle voulait le suivre, mais impossible de rentrer sans le digicode.

Lisa avait décidé d'attendre dans le café du 15 de la rue Lepic, un vieux café des années cinquante.

— Mais c'est le café des deux Moulins ! Le café d'Amélie Poulain !

Le Café des 2 moulins où a été tourné le film « Le fabuleux destin d'Amélie Poulain » (Jean-Pierre Jeunet, 2001).

Le film avec Audrey Tautou ! pensait Lisa.

La jeune fille découvrait seulement maintenant qu'elle était dans le quartier de Montmartre.

Lisa avait attendu longtemps, puis elle était partie sans rien savoir sur le garçon. Ni son nom, ni son âge. Rien.

Lisa marchait dans Montmartre sans savoir où elle allait. Elle voulait éviter le Sacré-Cœur pour ne pas rencontrer la foule des touristes avec leurs appareils photos. Rue des Abbesses, il y avait pourtant aussi beaucoup de monde, mais pas les mêmes personnes. Dans ce quartier très à la mode, les gens regardaient les vêtements et les meubles dans les magasins branchés.

Le quartier de Montmartre et la basilique du Sacré Cœur.

Elle se demandait aussi pourquoi elle avait quitté le *Batobus* comme ça, sur un coup de tête[6]. Maintenant, elle avait perdu son travail. C'était sûr ! Comment pouvait-elle expliquer son départ à Patrick ? Et qu'est-ce qu'elle allait dire à ses parents ?

— Arrête ton cinéma*, Lisa, avait-elle pensé. Maintenant, tu rentres à la maison et au lit ! Ça ira mieux demain !

---

* **Arrête ton cinéma !** *(pop.)* : cesse de raconter des histoires.

Quelqu'un avait sonné à la porte et réveillé Lisa.
— Franck, tu ouvres, s'il te plaît ! avait-elle crié. Je dors et j'attends personne !
Lisa ne voulait pas sortir de son lit.
— Franck ! T'es sourd ou quoi ?
Mais Franck n'avait pas répondu. Il n'était peut-être pas là ! Quelle heure était-il ? Dehors, le ciel était encore bleu. Le réveil indiquait 21 h 45. Lisa dormait depuis une heure seulement.
— Qui c'est ? avait encore crié Lisa derrière la porte.
— C'est Patrick !
— Oh, non, avait pensé Lisa qui mettait son jean. Il ne peut pas me laisser tranquille. Je veux voir personne !
Mais elle avait répondu :
— Oui, oui, c'est bon !
La jeune fille se sentait mal car elle allait devoir répondre aux questions du capitaine du *Batobus*.
— Tu dormais déjà ?
— Ben, ouais.
— Je peux entrer ?
— Oui.
Patrick s'était assis à la table de la salle à manger pendant que Lisa allait chercher des verres à la cuisine. Il parlait de tout et de rien. Puis Lisa était revenue et il lui avait dit :
— Je voulais m'excuser. J'ai été un peu trop dur avec toi sur le bateau. Je comprends, tu en as eu marre ce matin !
Lisa avait regardé Patrick avec surprise.
— Mais non, c'est pas de ta faute !
— Le job n'est pas très drôle… En plus, ce n'est pas facile de travailler avec Chloé !
— Ah, mais pas du tout !
— En fait, je voulais te dire que j'étais vraiment content de toi. Tu bosses[7] bien sur le bateau !
Lisa hallucinait. Patrick n'était pas en colère contre elle. Pourquoi ? C'était tout le contraire : il s'excusait ! Il était même désolé et lui demandait si elle voulait bien revenir sur le *Batobus*.

— J'ai dit aux autres que tu étais malade et que tu avais demandé si tu pouvais partir plus tôt.

On sonnait à la porte. C'était Franck qui avait oublié ses clefs. Patrick s'était levé avec Lisa.

— Salut, Franck ! Alors, ce concours ?

— J'en ai marre ! Je reviens de la piscine. Aujourd'hui, il faisait trop chaud pour travailler !

— Oui, tu peux le dire ! Bon, allez, j'y vais ! Bonne soirée et à demain, alors, Lisa !

Notre Dame de Paris (XIIe – XIVe siècle) est la cathédrale de l'archidiocèse catholique de Paris. Elle est située à l'extrémité de l'île de la Cité dans le 4e arrondissement. Elle fut, lors de son achèvement, l'une des plus grandes cathédrales d'occident.

4 Lisa a peur des attentats

Pour Lisa, la réaction de Patrick restait un mystère[1]. Elle le connaissait depuis longtemps, mais c'était seulement maintenant qu'elle découvrait sa personnalité[2]. Le capitaine du *Batobus* était un homme vraiment gentil qui avait horreur des disputes. Pour Lisa, c'était la seule explication possible. En plus, ce matin, Patrick avait fait comme si elle n'avait pas quitté le bateau hier.

— Au revoir, mademoiselle Lisa ! À demain !

Le garçon au sac noir avait appelé Lisa par son nom. La jeune fille n'avait pas rêvé. Le garçon avait dit « Lisa ». Il avait dit « mademoiselle » aussi. Il lui avait même presque donné un rendez-vous pour le lendemain. Comment connaissait-il son nom ? Lisa n'avait pas répondu. Elle le regardait descendre du bateau sur le quai puis monter l'escalier vers la cathédrale Notre Dame. Elle se demandait s'il avait vu qu'elle l'avait suivi dans la rue Lepic. Maintenant, il imaginait peut-être qu'il intéressait Lisa. Mais c'était faux. Pour la jeune fille, ce qui était important, c'était la sécurité des passagers. Ce garçon était dangereux, elle en était sûre. Elle ne comprenait pas encore qui il était et ce qu'il faisait sur le *Batobus*. Mais il fallait éviter la catastrophe. Sur le bateau, il y avait plus de 200 personnes.

— Patrick, viens, s'il te plaît ! Regarde le carton, là !

C'était un gros carton entouré[3] d'une ficelle rouge. Il était sous un banc. Lisa l'avait tout de suite remarqué. Le gros carton se trouvait là où le garçon au sac noir était assis avant. C'était sûrement lui qui l'avait posé là.

— Mets-le à côté, dans la cabine. Quelqu'un a dû l'oublier !
— Il faut appeler la police, non ?
— La police ? Mais pourquoi ?
— Patrick...
— Ne me dis pas que tu penses à une bombe ?
— On sait jamais !
— Les gens oublient tous les jours plein d'objets sur le bateau. Même une fois, une maman a oublié son bébé !
— Quelle horreur ! Mais, là, c'est un carton. Les bombes sont toujours dans des cartons... ou dans des sacs à dos.
— Arrête ton cinéma !
— Je connais le type qui a laissé le carton.
— Ah, bon ? T'as un copain terroriste ?
— Mais non... je croyais que c'était un voleur... un voleur d'enfants... pas un terroriste.
— Attends, c'est quoi ces histoires ?
— Patrick... La bombe !
— La bombe ! La bombe ! Arrête d'avoir peur ! C'est un carton. Tu vas voir... Bon, je vais l'ouvrir...
— Elle va exploser, alors !

Patrick n'écoutait plus Lisa. Il avait ouvert le carton et maintenant il riait. Il riait fort et Lisa faisait la tête.

— Regarde, des bulles[4] de savon !

Il y avait plein de petites bouteilles roses, jaunes et bleues pour faire des bulles de savon. Sous les petites bouteilles, Patrick avait aussi découvert des dessins.

— Ils sont magnifiques ! disait-il.

Lisa ne voulait pas l'avouer, mais elle avait un vrai coup de foudre pour ces dessins. Il y avait une vieille dame qui caressait un chat dans une cuisine, des enfants qui regardaient la tour Eiffel, une jeune fille, toujours la même, qui mangeait une glace ou qui lisait sous un arbre.
5 Lisa aimait beaucoup l'expression des visages de ces personnages. Elle se sentait très proche d'eux. Il y avait quelque chose de magique et de très fort dans ces dessins.

— Regarde, Lisa ! C'est toi ! Si, si, tu fais la tête ! Excuse-moi, mais c'est exactement toi quand tu es en colère !
10 Lisa ne riait pas. Elle regardait cette fille avec ses yeux clairs et ses cheveux très courts. Elle était jolie.

— Il a l'air plutôt sympa, ton copain terroriste ! Il fait des bulles de savon, il dessine…

— C'est pas mon copain, je t'ai déjà parlé de ce mec une fois, je
15 pensais que c'était un pickpocket. Il prend le *Batobus* tous les jours et je me demande pourquoi, voilà !

— À mon avis, c'est un artiste ! Le bateau, c'est super pour dessiner ! Tu peux pas me dire qu'il dessine mal !

— On s'en fout* ! Pour moi, ce garçon est bizarre. Il cache quelque
20 chose et je voudrais bien savoir quoi !

— D'accord, d'accord ! Moi aussi, je vais faire attention ! Mais, bon, maintenant, au travail !

Le lendemain, Lisa avait sauté dans le métro et couru jusqu'à la tour Eiffel. Elle était même arrivée trop tôt sur le bateau. Il n'y avait
25 personne. Elle voulait rendre elle-même son carton au garçon car elle voulait lui poser des questions. Les bulles de savon et les dessins étaient une bonne occasion[5] pour avoir des explications. Mais le garçon n'était pas venu.

Une fois de plus, la journée de travail de Lisa avait mal commencé et
30 tout à coup, c'était toute sa vie que la jeune fille avait trouvée difficile. Elle pensait à ses parents et à son petit frère qui étaient en vacances sur l'île de Groix. Quelle chance ! Elle n'aimait pas trop la Bretagne,

---

* **s'en foutre (vulg.) :** ne pas porter d'intérêt à qc.

La plage des grands sables sur l'île de Groix.

mais en vacances, ses parents se disputaient moins, criaient moins. Surtout, ils étaient toujours cool avec Lisa. Ils la laissaient libre. Là-bas, Lisa passait ses journées avec ses copains. C'était génial, l'île de Groix, pas pour la mer, mais pour tout le reste ! Le sable blanc sur la plage, les crêpes, les pique-niques et le vélo quand on en avait envie !

Lisa pensait aussi à Valentin dont elle n'avait toujours pas de nouvelles. À la gare, il lui avait dit qu'il allait lui envoyer un SMS tous les jours. Elle avait été bête et elle l'avait cru. Mais depuis son départ, elle n'en avait même pas reçu cinq. Valentin l'avait vite oubliée. Loin des yeux, loin du cœur[6]. Ils n'étaient ensemble que depuis trois semaines. C'était peut-être mieux, finalement.

— Regarde qui est là ! avait crié Chloé qui se trouvait de l'autre côté du bateau.

Lisa avait tourné la tête et elle voyait le garçon au sac noir qui marchait vers elle. Mince ! Elle n'avait pas imaginé qu'il allait monter à Notre Dame. Elle se sentait mal. Tout à l'heure, elle avait espéré le voir. Mais, maintenant, il était là et elle ne savait plus ce qu'elle voulait lui demander.

— Bonjour, mademoiselle !
— Bonjour, euh…
— Hier, j'ai oublié un carton avec une ficelle rouge. Je crois que je l'ai laissé sous un banc. Tu ne l'as pas vu ?
Lisa ne trouvait pas ses mots. Elle ne regardait pas le garçon. Elle se sentait devenir toute rouge.
— Si, si, euh… avait-elle dit, finalement.
Elle n'avait pas pu faire une phrase complète.
— Tu l'as ouvert ?
— Oui.
— Et, alors ?
— Alors… On se demandait ce que c'était, s'il fallait jeter[7] le carton à la poubelle ou non.
— Ah…

Le canal Saint Martin est un canal de 4,55 mètres de long situé entièrement dans le 10ᵉ et 11ᵉ arrondissement. Il relie le bassin de la Villette au port de l'Arsenal. Inauguré en 1825, il comporte neufs écluses et deux ponts tournants. Le canal Saint Martin est monument historique depuis 1993.

5 Lisa a peur de la foule

PISTE 10

Jamais Lisa ne s'était sentie aussi bête qu'avec le garçon au sac noir. Non, jamais elle n'avait eu ce sentiment d'avoir la tête vide et les jambes lourdes. Quand elle y pensait, elle avait honte. Tout à coup, elle n'avait plus su quoi dire, même pas des petites choses, des choses pas importantes qu'on raconte dans la vie de tous les jours. Elle n'était pourtant pas timide. Que s'était-il donc passé ? Elle avait peut-être eu un coup de fatigue[1]. Oui, c'était sûrement cela. Aujourd'hui, elle se sentait mieux. Elle avait tout simplement eu besoin d'une bonne nuit dans son lit. Ce matin, elle allait pouvoir demander des explications au garçon. Mais avant ça, pour commencer la journée, il y avait tout ce qu'elle aimait sur la table du petit-déjeuner : du jus d'orange, du beurre, de la confiture… et son bol de chocolat ! Elle avait faim.

— Ah ! Ça fait plaisir de[2] te voir manger !

Franck cherchait le café sur l'étagère.

— Je t'ai déjà fait ton café. Tiens, regarde !

— Quelle bonne nouvelle !
— Merci d'avoir fait les courses.
— Je suis une vraie mère pour toi.
Franck plaisantait. Mais il avait l'air vraiment fatigué.
— Est-ce que je t'ai réveillé avec ma musique ?
— Non, je ne m'étais pas encore couché. J'ai dessiné toute la nuit ! Mais, ta musique… c'est quoi ?
— C'est Kyo. Tu connais pas ?
Le téléphone avait sonné. Lisa avait décroché sans attendre la réponse de Franck. C'était Patrick.
— On a un problème. Quelqu'un est entré dans la cabine cette nuit et a essayé de partir avec le bateau. Bref, le moteur est cassé et on peut pas travailler.

Lisa détestait attendre. C'était pourtant bien ce que Patrick lui avait demandé de faire et c'était ce qu'elle avait fait toute la journée. Elle avait attendu, rien d'autre. Elle n'était même pas sortie. Elle était restée devant le téléphone et avait espéré avoir des nouvelles. Mais rien. Franck lui avait même proposé un petit tour dans le quartier du Marais, mais elle n'avait rien voulu faire. Patrick avait finalement appelé à 22 h. Le *Batobus* était toujours en panne. Lisa devait travailler sur un autre bateau pendant quelques jours. C'était un bateau qui allait du musée d'Orsay au parc de la Villette et de la Seine au canal Saint-Martin. Lisa était restée trois jours sur l'autre bateau. Des jours longs comme des mois. Quand Patrick avait appelé la jeune fille pour la faire revenir

Le musée d'Orsay est un musée national situé sur la rive gauche de la Seine, dans le VIIe arrondissement de Paris. Aménagé dans l'ancienne gare d'Orsay datant de 1898, il présente la peinture et la sculpture occidentale de 1848 à 1914, ainsi que les arts décoratifs, la photographie et l'architecture.

sur le *Batobus*, elle avait eu envie d'embrasser le téléphone. Et, maintenant, elle était enfin là et se sentait comme chez elle :

— Bonjour, madame ! Oui, c'est ça ! Donnez-moi votre ticket s'il vous plaît !

Il y avait beaucoup de monde, mais pas le garçon au sac noir. Ni à la tour Eiffel, ni à Notre Dame. Prenait-il un autre bateau ?

Après sa journée sur le *Batobus*, Lisa avait pris le RER, puis le métro. Elle était revenue rue Lepic. Elle ne savait pas très bien ce qu'elle cherchait et pourquoi elle voulait en savoir plus sur le garçon au sac noir. C'était peut-être son intuition. Croyait-elle encore vraiment qu'il était dangereux ? Ne pensait-elle pas avoir encore rêvé ? Ce garçon dessinait et aimait les bulles de savon. Ce n'était pas un pickpocket. Il ne kidnappait pas les enfants. Il ne posait pas des bombes. Et pourtant, quelque chose clochait[3] et Lisa craignait toujours un danger. Lequel ? La jeune fille ne savait pas répondre à cette question. Elle était inquiète, c'était tout. Dans sa tête, ce garçon restait mystérieux[4].

Lisa n'avait pas eu le temps de s'asseoir dans le café des deux Moulins. Le garçon était déjà là, devant la porte du 13 rue Lepic. Il sortait de l'immeuble. Il ne portait pas son vieux sac noir, mais une grosse enveloppe marron. Il marchait encore plus vite que la dernière fois. Lisa courait toujours derrière lui. Elle ne voulait pas le laisser partir. Dans le métro, le garçon regardait sans cesse[5] sa montre. Il était peut-être en retard à un rendez-vous.

Le garçon était d'abord descendu à la station porte Maillot. Il avait mis sa grosse enveloppe dans la boîte aux lettres d'un immeuble moderne où Lisa avait lu la plaque[6] « Mystère et Marketing ». Quel drôle de nom ! Qu'est-ce que cela pouvait être ? Mais Lisa n'avait pas eu le temps de réfléchir : le garçon était redescendu dans le métro et était allé jusqu'à Châtelet-les-Halles, la plus grande station de métro d'Europe.

Toujours derrière le garçon, Lisa devait faire très attention pour ne pas le perdre des yeux. Il y avait beaucoup de monde dans les couloirs très longs, qui allaient des lignes de métro à la station RER et au Forum des Halles. C'était une vraie ville souterraine[7]. Tout ce qui arrivait à Paris ou tout ce qui en partait se retrouvait là.

— Hé, toi, la petite, donne-moi quelque chose. J'ai pas d'argent ! criait un type qui bousculait Lisa.

Lisa n'aimait pas trop venir toute seule jusqu'à la station Châtelet-les-Halles. Il y avait trop de gens, trop de fous, trop de dangers, trop de gens malheureux aussi. Devant un magasin de photos, toute une famille demandait quelques euros pour manger. Des groupes de jeunes fumaient sur les escaliers ou s'entraînaient à faire du roller[8] dans les couloirs. La jeune fille évitait de[9] regarder à droite et à gauche. Devant elle, le garçon au sac noir descendait encore un étage. Il était entré d'abord dans un magasin de bonbons puis dans un magasin de vêtements pour bébé et chaque fois, il avait acheté plein de choses avec une carte de crédit.

Les Halles de Paris était le nom donné aux halles centrales, marché de vente en gros de produits alimentaires frais, situé dans le 1er arrondissement. Ce vaste marché qui s'y tenait jusqu'au début des années 1970 a été remplacé aujourd'hui par un espace vert (le jardin des Halles) et un centre commercial souterrain (le forum des Halles).

— Il a dû la voler, c'est pas possible ! Je me demande quels trafics[10] il fait…

Lisa regardait sans réagir. Le garçon était déjà en train d'aller vers le RER.

— Mince, je vais le perdre ! avait pensé Lisa.

Il y avait trop de monde, Lisa ne voyait plus le garçon. Un train arrivait en gare et les gens qui rentraient chez eux, en banlieue, ne voulaient pas manquer leur RER.

— C'est pas vrai !

Lisa ne croyait pas ce qu'elle voyait. Quelle surprise ! Le garçon embrassait une jeune femme blonde qui avait les cheveux de Chloé.

Lisa hallucinait. C'était Chloé ! La jeune fille ne voyait pas très bien. Elle était trop loin d'eux. Mais enfin, ils étaient là et parlaient ensemble. Lisa voulait aller près d'eux. Mais un RER ouvrait déjà ses portes. Une foule de gens passait devant elle. Où étaient-ils maintenant ? Avaient-ils pris le RER pour aller chez Chloé qui habitait en banlieue ? Lisa avait perdu leur trace.

La jeune fille avait pris l'escalier pour quitter les Halles. Bientôt, tout le quartier allait changer. La mairie avait un projet. Heureusement, car ce quartier était devenu très laid ! Maintenant, Lisa se retrouvait dans la rue. Elle voulait marcher dans le quartier de Beaubourg. Dehors, il ne faisait pas encore nuit et l'air était si doux[11]. Les gens mangeaient des glaces, discutaient sur les bancs. Devant le centre Pompidou, des clowns présentaient des sketchs.

Une jeune femme jouait de la flûte. Lisa regardait tout cela enchantée[12].

Elle connaissait un magasin de BD dans le quartier. Elle avait d'envie de voir les nouveaux albums. Elle adorait la BD. Elle aimait *Titeuf, Boule et Bill, Gaston Lagaffe, Malika Secouss et Valérian.*

– Merci. À bientôt !

Le centre national d'art et de culture Georges Pompidou (CNAC) communément appelé « Centre Pompidou » est un établissement polyculturel situé dans le quartier de Beaubourg, dans le 4ᵉ arrondissement.

Trois mots. Quand elle était entrée dans le magasin, Lisa n'avait entendu que ces trois mots et elle avait tourné la tête vers la caisse. Elle ouvrait des yeux grands comme des soucoupes. Ce n'était pas possible. Elle devenait folle. Le garçon au sac noir était là. Il sortait du magasin.

Les Batobus (compagnie des Bateaux Parisiens) assurent le transport des passagers sur la Seine.

6 Lisa a peur d'être malade

Il y avait des jours où il valait mieux, si possible[1], rester au lit. C'était ce que Lisa avait pensé quand elle s'était levée. Elle avait fait la liste de tout ce qui n'allait pas : elle avait mal à la tête, un chat dans la gorge, le dos cassé et les yeux rouges. Bref, Franck avait crié quand il l'avait vue :

— Oh, la vache[2] ! Tu veux pas plutôt aller chez le médecin ?

— Non, j'ai rien ! J'ai la tête dans le plâtre[3], c'est tout !

Franck avait tout de suite compris qu'il n'y avait qu'une chose à faire : ne rien dire et attendre. Plus tard, sur le *Batobus*, Patrick, Chloé et les autres avaient pensé la même chose quand ils avaient vu la jeune fille faire l'accueil des passagers. Lisa parlait à peine et quand elle le faisait, on ne la comprenait pas. Chloé avait bien proposé à Patrick de prendre la place de Lisa, mais Patrick n'avait pas voulu. Il pensait que sa petite protégée[4] cachait quelque chose et il attendait de voir la suite de l'histoire. Même le garçon au sac noir n'avait rien dit. Quand il était passé devant Lisa, elle ne l'avait même pas vu ou elle n'avait pas voulu le voir.

Mais, soudain, quelqu'un avait crié :
— Au secours ! Au secours !
C'était une femme, plus très jeune mais pas encore vieille, qui était montée sur un banc et qui avait l'air d'avoir très peur. Puis tout était allé très vite. La panique avait gagné ses voisins.
— Au secours ! Hilfe! Help! ¡Socorro!
Il y avait maintenant vingt ou trente personnes debout sur les bancs. Toutes montraient quelque chose qui courait sur le bateau. Lisa croyait voir une boule noire qui roulait entre les jambes des passagers. Une bombe ? On n'était quand même pas en guerre ! Un animal. Une souris noire ? Pour une fois, Lisa était la seule qui n'avait pas peur. Elle avait même presque envie de rire. La scène était trop drôle. Mais sur le bateau, personne n'avait le sourire. Chloé répétait :
— Ah, non ! J'ai horreur des souris !
C'était un chat ! Un tout petit chat noir qui avait très peur. Il se cachait.
— Il faut jeter cet animal à l'eau, hurlait un homme.
Heureusement, Lisa avait attrapé le chat avant lui, ce qui n'avait pas été facile. Elle l'avait caché dans la cabine de Patrick avant d'entendre une voix qu'elle connaissait :
— Pour le chat, c'est de ma faute ! Je suis désolé !
Pourquoi ce garçon revenait-il toujours dans la vie de Lisa ? Pourquoi était-il là juste au moment où elle ne l'attendait pas ? Pourquoi ? Elle voulait pourtant ne plus faire attention à lui. Cette nuit, elle avait décidé qu'il devait sortir de sa tête. Alors, pourquoi revenait-il ? À présent, il l'énervait vraiment. Elle l'avait trop vu. Mais on était sur la Seine, entre deux escales, difficile de lui dire de partir !

Maintenant, les gens applaudissaient. Patrick leur disait quelque chose. Lisa entendait à peine :
— Un petit chat est né ce matin sur le bateau. Il est si petit que nous avons cru que c'était une souris ! La maman et le bébé vont bien ! Merci pour eux !
Les passagers riaient. Personne n'avait trouvé ça bizarre. Au contraire ! On pouvait leur raconter n'importe quoi[5]. Vraiment, les gens changeaient d'avis comme de chemise.

— Mais pourquoi tu leur as dit ça ? avait demandé Lisa à Patrick qui était rentré dans sa cabine.

— Je suis comme toi. J'adore les histoires qui finissent bien !

Puis, Patrick avait tourné la tête vers le garçon :

— Alors, c'est vous ! Bon, monsieur, vous allez vous expliquer maintenant. On ne veut pas d'animaux ici !

— C'est pas mon chat. Je m'occupe de lui pendant les vacances. Au début, je devais seulement lui apporter à manger. Mais j'ai bien vu que Minouchka avait peur, seul, dans la maison de ses maîtres. En fait, il a peur de tout. Il n'est bien qu'avec moi. Alors, j'ai pas eu le courage de le laisser. Maintenant, il reste avec moi toute la journée, dans mon sac. Le petit chat regardait Patrick avec des yeux tristes. Il ne parlait pas, mais on comprenait tout : il était désolé pour le garçon au sac noir et il demandait au capitaine de ne pas être en colère contre lui.

— Il a quel âge ?

— Deux mois !

— Et ses maîtres sont partis en vacances sans lui ?

Lisa allait exploser. Patrick était vraiment trop gentil. Il discutait avec le garçon. Comme ça. Ça avait été la panique sur le bateau, mais le capitaine avait déjà tout oublié. La jeune fille avait fermé la porte derrière elle et était allée retrouver ses passagers.

La Cathédrale Notre-Dame de Paris.

— Ma petite-fille voudrait bien le voir. Un tout petit chat, c'est super ! Il doit être mignon !
— Comment s'appelle-t-il ?
Maintenant, les passagers voulaient tous voir le petit chat. Ils ne regardaient plus la Seine et les monuments de Paris. Ils attendaient le petit chat. Même Chloé qui n'avait rien compris demandait à le caresser. Quelle histoire ! Lisa cherchait comment expliquer à tout le monde que ce n'était pas possible. Elle regardait la cabine de Patrick. Derrière la fenêtre, elle voyait le garçon qui discutait encore avec le capitaine du *Batobus*. Il parlait. Patrick l'écoutait et souriait. À un moment, il avait regardé dans sa direction et Lisa avait eu le sentiment qu'ils parlaient d'elle. Puis elle avait enfin trouvé une idée :
— Minouchka est très fatigué. Nous attendons le vétérinaire pour le soigner.

Elle avait dit ça comme ça, avec sa voix cassée et ses yeux rouges. Elle pensait que personne n'allait la croire. Mais cela avait été le contraire. Il y avait eu un grand silence et personne n'avait plus parlé jusqu'à Notre Dame.

Seule Chloé était venue demander quelque chose à Lisa, mais la jeune fille ne lui avait pas répondu. Elle la voyait encore embrasser le garçon au sac noir sur le quai du RER.

Quand elle était rentrée chez elle le soir, Lisa n'avait eu qu'une envie : elle voulait rester seule. Mais son cousin n'avait pas voulu la laisser tranquille.
— On va manger au restau[6] ? Je t'invite ! avait demandé Franck à Lisa qui était sur son lit.

Un casque[7] sur les oreilles, la jeune fille écoutait de la musique et écrivait dans son journal. Elle n'avait ni vu, ni entendu son cousin.
— LISA ! TU M'ENTENDS ?
— Mais t'es fou ! Tu m'as fait peur ! J'suis pas sourde !
— Écoute, t'as un problème ? Ça va pas ?
— Non, non, tout va très bien. J'ai seulement mal à la tête, à la gorge et aux yeux. Je suis un peu malade, quoi !

— Bon, alors, tout va bien ! Allez, debout, on sort !
— Attends, t'as entendu comment tu me parles ?
— Tu discutes pas. On sort !
— Non.
— Si !
— Non !
— Avec la tête que t'as, la seule solution, c'est d'aller faire un tour ! On va manger au restau, on se promène un peu et on rentre.
— Non.
— C'est pas de ma faute si Valentin t'a oubliée !
— Ça, c'est dégueulasse[8] !
— Ok, d'accord. Égalité ! Je te dis pas d'aller faire la fête toute la nuit ! Moi, j'ai mon concours dans trois jours ! Je suis pas fou. Mais j'ai pas envie de faire à manger. Toi non plus ? Alors, on va manger au restau !
— T'as braqué[9] une banque ou quoi ?
— Non, mais j'ai travaillé toute l'année pour avoir un peu d'argent cet été, « mademoiselle je fais la tête » !

Franck avait peut-être raison. Lisa était bête de rester à la maison avec ses idées[10] noires et la tête dans le plâtre ! Il fallait sortir et se changer les idées. Sans l'avouer, la jeune fille pensait qu'elle avait de la chance d'avoir un cousin comme Franck. Longtemps, elle avait rêvé d'avoir un grand frère. Finalement, il l'était un peu devenu pendant ces semaines d'été. Lisa devait arrêter de se plaindre, arrêter de croire que le ciel lui tombait sur la tête.

Franck avait emmené Lisa dans un petit restaurant de la Butte aux Cailles, près de la piscine. Ils avaient pris le menu à 20 euros. Une entrée, un plat et un dessert pour Lisa. Un plat, un fromage et un dessert pour Franck qui avait aussi demandé un verre de vin rouge.

Ensemble, ils avaient parlé BD, théâtre, cinéma, musique.

— J'ai écouté Kyo… Bof, j'aime pas trop !
— Je te dis pas que c'est génial, mais moi, j'aime bien !

À la fin du repas, Franck avait regardé par la fenêtre.

— Tiens, je vois un mec que je connais…
— Un vieux copain ?
— Non, je l'ai rencontré au judo. On s'entraîne ensemble.

Franck était fou de judo. À Paris, il avait tout de suite trouvé un club à côté de chez Lisa.

— Il m'a vu. Bon, je paie et on va le voir.
— Quoi, c'est ce mec ?
— Oui, tu le connais ?
— Ah, non ! Pas lui !

Lisa avait laissé Franck dans le restaurant et était partie sans lui et sans regarder le garçon au sac noir qui les attendait sur la place. Elle devenait folle ou quoi ? C'était une maladie bizarre…

La tour Eiffel mesure 324 mètres de hauteur et se situe à l'extrémité nord-ouest du parc du Champ-de-Mars, en bordure de la Seine. Construite par Gustave Eiffel pour l'exposition universelle de 1889, ce monument est devenu le symbole de la capitale française.

7 Lisa a peur de l'eau

Devant le *Batobus*, Chloé embrassait un homme à moto, et ce n'était pas le garçon au sac noir. Chloé avait-elle déjà changé de copain ? Bof, ce n'était pas le problème de Lisa. Elle pensait à Franck. Hier, elle s'était disputée avec son cousin. Il n'avait pas compris sa réaction quand elle était partie du restaurant sans lui.

— Tu pars toujours comme ça sans rien dire ? avait demandé Franck.

— Ce mec, ton copain du judo, je le vois partout !

— Quoi ?

— Il me fait peur !

— Mais non, il est super gentil.

— Il est super bizarre, tu veux dire.

— Toi, tu vois des gens louches partout ! Et…

— Qu'est-ce que tu sais ?

— Oh, ça va ! Je sais rien.

Franck avait l'air mystérieux.

— Tu me caches quelque chose !
— Mais non… J'ai promis[1] de ne rien dire !
— Je me demande ce que tu trafiques[2] avec ce type !

Lisa ne voulait pas l'avouer, mais elle était en colère. Elle était même un peu jalouse. Son cousin avait un secret et il n'avait pas voulu le lui dire. En plus, il lui avait fait la morale et elle détestait ça.

Déjà, un groupe d'enfants arrivait devant le *Batobus*. La jeune fille regardait les petits. Ils étaient mignons. Ils devaient avoir six ou sept ans. Lisa aimait bien répondre à leurs questions sur les monuments de Paris. Chloé, elle, détestait ça. Les enfants l'énervaient.

— Ils ont toujours quelque chose à demander. Et, moi, je ne suis pas une machine à réponses !

En fait, Chloé avait peur des enfants car, avec leurs questions, ils lui posaient des colles. Malheureusement pour elle, ce matin, il n'y avait que des enfants sur le *Batobus*, dont un enfant un peu rebelle. C'était Kévin.

— J'aime pas le bateau. C'est nul, super nul ! Moi, je veux aller tout en haut de la tour Eiffel…

Kévin courait partout sur le bateau. Les monitrices ne savaient plus quoi faire de lui. À un moment, Patrick l'avait pris avec lui. Mais le petit n'était resté que quelques minutes et, tout à coup, alors que le *Batobus* était en train de quitter le quai, Kévin avait escaladé[3] le rebord[4] du bateau.

Il avait hurlé : « Non, je veux pas partir ! Capitaine, restez ! » et il était tombé dans la Seine. Lisa n'avait pas réfléchi. Elle avait horreur de l'eau, mais elle avait sauté derrière l'enfant. Kévin était déjà sous l'eau et il ne savait pas nager. Très vite, Lisa avait réussi à le récupérer[5]. Ouf, il respirait ! Mais il ne criait pas, il ne disait rien. En fait, il avait très peur. Lisa, elle, avait oublié d'avoir peur. Elle parlait au petit garçon. Elle lui disait que tout allait bien, qu'ils n'étaient pas loin du quai. Elle lui racontait des histoires. Mais même dans l'eau, un petit garçon de sept ans était lourd. Allait-elle pouvoir le sauver ? Elle entendait Patrick crier des choses qu'elle ne comprenait pas, il leur avait jeté une grosse bouée[6] blanche. Heureusement, sur le quai, quelqu'un avait plongé[7] et nageait vers Lisa et Kévin.

— C'est bon, je le prends. Je suis maître-nageur[8] !

Un été à Paris

C'était le garçon au sac noir. Lisa avait halluciné quand elle l'avait vu devant elle. C'était pas possible ! Elle était maintenant vraiment folle !! Mais elle n'avait pas eu le temps de se demander ce que le jeune homme faisait encore là. Il était là, heureusement, et c'était le plus important. Kévin était sauvé.

Le garçon au sac noir s'appelait Farid, c'est ce qu'il lui avait répondu quand elle avait voulu lui dire merci. Il avait aidé Lisa à sortir de l'eau alors qu'elle s'était soudain sentie très mal. Il avait ensuite proposé de l'accompagner chez elle, mais elle n'avait pas voulu.

Elle était montée dans un taxi. Le chauffeur africain écoutait de la musique très fort, une chanson de Tiken Jah Fakoly* « Le pays va mal, mon pays va mal, mon pays va mal… » et n'arrêtait pas de téléphoner en parlant dans une langue qu'elle ne connaissait pas. Puis le taxi s'était arrêté devant chez elle et le chauffeur n'avait pas voulu d'argent.

— Tu sais, j'attendais les clients à côté de la tour Eiffel et j'ai tout vu. Tu as sauvé un enfant !

— Je n'étais pas toute seule !

— Oui, le garçon a été super aussi. C'est un mec bien ! J'ai déjà raconté votre aventure à tous mes amis. Je ne vais quand même pas te faire payer. C'est bien, c'est très bien ! Allez, bonne journée, mademoiselle !

À la maison, Franck travaillait sur un dessin. Lisa avait voulu tout lui raconter, mais Franck connaissait déjà toute l'histoire.

— Je sais tout, Farid m'a appelé.

— Tu peux m'expliquer ? Je comprends plus rien. C'est qui ce type ?

— T'as pas remarqué qu'il était amoureux de toi ?

Silence. Lisa ne bougeait pas. Que faire ? Que dire ? Comment réagir ? Maintenant, cette éventualité ne la faisait plus rire. Quand Chloé en avait parlé au début, Lisa avait trouvé ça drôle. Mais là, c'était Franck, son cousin, qui parlait et il ne lui avait jamais parlé comme ça ! En plus, depuis quelques jours, les choses avaient changé. Peu à peu[9], Farid était vraiment entré dans la vie de Lisa.

---

* **Tiken Jah Fakoly,** de son vrai nom Doumbia Moussa Fakoly né le 23 juin 1968 à Odienné en Côte d'Ivoire, est un chanteur de reggae.

— La première fois, Farid t'a vue à la piscine de la Butte aux Cailles. Il travaille là-bas comme maître-nageur deux fois par semaine.
— C'est pas possible, j'aime pas l'eau ! Je vais jamais à la piscine !
— Mais tu nageais pas. Tu accompagnais deux enfants.
— Ah, oui, Paul et Émilie. Ce sont des petits voisins. Je les accompagne parfois le mercredi quand leur maman travaille.
— Il vient aussi dans le quartier parce qu'il y a le club de judo.

Lisa comprenait enfin pourquoi elle avait eu le sentiment de connaître le garçon au sac noir. Elle l'avait sûrement croisé dans le quartier. Paris n'était finalement pas si grand que ça.

— Mais, en fait, ce n'est pas à la Butte aux Cailles qu'il t'a vraiment remarquée... c'est sur le bateau...

Lisa écoutait et hallucinait.

— Il a eu le coup de foudre pour toi. Mais... tu lui faisais peur...

Lisa avait éclaté de rire.

— Moi, faire peur à quelqu'un ? C'est plutôt le contraire ! C'est lui qui t'a raconté ça ?
— J'ai rien inventé.
— Non, mais cette histoire colle pas ! Pourquoi est-ce qu'il prend le bateau ?
— Je viens de te le dire !
— Non, la vraie raison...
— Mais c'est vrai, il est amoureux de toi...
— La première fois, il ne savait pas qu'il allait me voir sur le bateau...
— Ah, ça, je peux pas le dire !
— Ah, monsieur aime les mystères...

On avait sonné à la porte. Franck était tout de suite allé ouvrir. C'était Patrick qui venait prendre des nouvelles.

— Alors, comment tu vas ?
— Franck me raconte des histoires à dormir debout !
— Lisa a la tête dure ! criait Franck qui était dans la cuisine.

Le jardin du Luxembourg est situé dans le 6ᵉ arrondissement. Créé en 1612 à la demande de Marie de Médicis, il s'étend sur 23 hectares et est agrémenté de parterres de fleurs et de sculptures.

8 Lisa n'a plus peur

Les jours suivants, Franck et Lisa n'avaient plus parlé de Farid. La jeune fille avait interdit à son cousin de lui parler du garçon au sac noir. Elle ne croyait pas à cette histoire de garçon amoureux. Mais elle voulait absolument[1] savoir ce que Farid faisait sur le bateau. Un jour, Lisa avait appelé l'agence « Mystère et Marketing ».

— Bonjour, je cherche du travail…
— Vous appelez de la part de… ?
— D'un ami, Farid…
— Ah ! Vous cherchez un emploi de client-mystère ?
— Euh… oui !
— Désolé, nous n'avons besoin de personne pour le moment !

Qu'est-ce que ça voulait dire ? Qu'est-ce que c'était un client-mystère ? Lisa avait cherché sur Internet, mais elle n'avait rien trouvé. Puis le jour du concours de Franck était arrivé, et Lisa était allée le chercher à la fin de la journée. Ils avaient marché sous les arbres du boulevard

Saint-Germain et ils avaient traversé le Jardin du Luxembourg. Franck était content. Il pensait avoir réussi son concours.

— Bon, on va fêter la fin de mon concours ?

— Oui, aujourd'hui je te propose d'aller en Inde sans prendre l'avion. On va dans le 10ᵉ arrondissement, passage Brady. C'est pas loin de la gare du Nord.

Ouverte en 1846, la gare du Nord dessert le Nord de la France ainsi que les pays limitrophes (Allemagne, Belgique, Pays-Bas, Royaume-Uni). En termes de trafic voyageurs, c'est la plus importante gare ferroviaire avec 190 millions de voyageurs en 2008. La gare du Nord est monument historique depuis 1975.

Franck était le contraire d'un garçon difficile. Il avait dit oui comme il avait déjà dit oui au marché africain de Château Rouge dans le 18ᵉ, aux supermarchés chinois dans le 13ᵉ, aux magasins iraniens[2] de la rue des Entrepreneurs dans le 15ᵉ et aux restaurants japonais de la rue Sainte-Anne dans le 1ᵉʳ. Grâce à sa cousine, il savait maintenant que Paris avait des visages différents et ça lui plaisait de voir toutes ces couleurs, d'entendre toutes ces langues, de goûter aussi tous ces plats étrangers. Lisa aimait se promener dans ces quartiers où elle avait envie d'imaginer des histoires.

— Mais, avant, je veux savoir une chose : Farid, c'est un client-mystère, c'est ça, le secret ?

Franck avait fait une drôle de tête.

— Comment tu le sais ?
— C'est quoi un client-mystère ?
— Tu diras rien ?
— Mais non.
— Oh, puis, mince ! C'était son job d'été. Maintenant, il a arrêté. Le propriétaire du *Batobus* veut savoir ce qui se passe sur le bateau. Alors, il envoie des types comme Farid…
— Mais c'est un job super nul !
— Il est aussi allé dans des magasins, dans des cinémas pour contrôler l'accueil des clients…
— En fait, c'est un espion… Tu parles d'un amoureux !
— Mais, non, Patrick le savait…
— C'est vraiment dégueulasse !
— Je voulais pas te le dire. J'étais sûr que tu allais réagir comme ça ! Tu comprends vraiment rien ! Sois un peu adulte, Lisa !

Après minuit, Franck et Lisa qui ne se parlaient plus, avaient couru pour prendre le dernier métro. Ils n'avaient plus dit un mot jusqu'à l'appartement.

— Tu vois ce que je vois ? avait demandé Franck quand ils étaient arrivés chez Lisa.

Sur le mur à côté de la porte d'entrée, quelqu'un avait affiché[3] plein de dessins. La jeune fille avait tout de suite reconnu le trait de crayon[4] de Farid. C'était une BD dont les bulles étaient vides. Sur le premier dessin, on voyait le Batobus et la tour Eiffel. Puis on découvrait les personnages de l'histoire, Lisa et Farid. On les voyait sur le bateau, dans le métro, dans le RER, à Montmartre, devant Beaubourg, porte Maillot et dans la Seine avec Kévin.

Ces dessins bouleversaient[5] Lisa. D'abord, ils étaient magnifiques. Celui qui les avait dessinés était forcément[6] un type bien. Ensuite,

Lisa voyait sa vie dans cette BD et ses sentiments. Farid ne lui avait jamais parlé, mais il avait tout compris. C'était fou. Elle découvrait aussi qu'il l'avait vue quand elle le suivait, mais il n'avait rien dit.

Le métro aérien.

Il n'y avait qu'une image sur laquelle Lisa n'était pas. C'était l'image où Farid parlait à Chloé et c'était la seule image où il y avait un dialogue. Le garçon disait :
– Je suis pas amoureux de toi.
– Je le sais bien, mais elle me croit pas.
Sur l'avant-dernière image, on voyait Lisa qui découvrait les dessins de Farid sur le mur. La dernière image était vide.
— Je ne comprends pas pourquoi ce type n'essaye pas de faire les beaux-arts ! Il est dix fois meilleur que moi.
Lisa n'avait pas répondu.
— Mais, bon, il aime pas les études. Il veut travailler ! continuait Franck.
Lisa restait muette.
— Un studio de dessins animés[7] dans le 12e arrondissement vient de l'engager. Tu vois, il ne va plus être client-mystère !
Lisa ne disait toujours rien.

— Il est vraiment amoureux de toi ! insistait[8] Franck. Tu as de la chance. Farid, c'est un mec bien. En plus, il est génial.
— Mais arrête de me faire l'article[9] ! Tu vends pas une voiture !
— Je voudrais t'ouvrir les yeux, c'est tout !
— Et, moi, je voudrais te demander quelque chose. Le soir où on est allé au restaurant, quand Farid était sur la place, en fait, vous aviez organisé la rencontre ? C'était pas le hasard !
Franck avait encore fait une drôle de tête.
— Pourquoi tu m'as rien dit ?
— J'ai essayé, on a tous essayé, mais t'es têtue[10] ! Mets-toi à la place de Farid ! On peut pas t'approcher, t'as toujours peur de tout, tu sors tes griffes[11] et t'appelles la police !
— Mais je sais rien de lui ! On peut pas donner sa confiance comme ça ! avait répondu Lisa qui pleurait maintenant dans les bras de son cousin.

Lisa avait passé une nuit blanche. Elle avait découvert trop de choses en même temps. Elle avait passé la nuit à réfléchir et à écrire. Puis le matin était arrivé très vite. Avant d'aller sur le *Batobus* pour son dernier jour de travail, Lisa était allée rue Lepic. Elle devait parler à Farid. Elle avait réussi à entrer dans l'immeuble sans le digicode. C'était l'heure où les gens allaient travailler. Mais où sonner ? Elle ne connaissait pas le nom de famille du jeune homme. Soudain, un petit chat noir était apparu dans l'escalier.
— Minouchka ! appelait une voix de femme. Minouchka !
Le petit chat regardait Lisa. Quelle surprise ! avait-il l'air de penser.
— Je sais plus quoi faire avec cet animal. Vous pouvez me l'attraper, s'il vous plaît !
— Oui, tout de suite… Excusez-moi, madame, je cherche Farid !
La dame avait regardé Lisa de la tête aux pieds.
— Moi aussi, je le cherche. Il est parti. Il a déménagé hier, mais il a oublié son chat !
— Vous connaissez sa nouvelle adresse ?
— Non. Mais il va sûrement revenir ! Pour le chat !
Lisa était plus triste que jamais. La seule chose qu'elle pouvait faire maintenant, c'était d'aller travailler. Est-ce que ce garçon allait

vraiment l'attendre toute sa vie ? Elle n'avait rien compris, rien voulu savoir. Maintenant, il était trop tard.

— Qu'est-ce que tu fais là ? lui avait demandé Patrick à son arrivée sur le bateau.

— Ben, je viens travailler !

— J'ai plus besoin de toi, avait-il dit durement[12] à Lisa qui ne le reconnaissait pas. C'est vrai que t'as la tête dure[13] ! Allez, vas-le retrouver, ce garçon ! Allez, vas-y, vite !

Lisa découvrait qu'elle avait été la dernière à comprendre ce qui lui arrivait. Pourtant, c'était sa vie. C'était à elle de décider. Mais Lisa n'avait rien dit. Elle avait embrassé Patrick et était partie.
Derrière elle, Lisa entendait Chloé qui criait :

— J'ai bien essayé, mais il a pas voulu de moi ! Il t'aime vraiment, tu sais !

Lisa riait. Quelque chose avait changé dans sa tête. Elle découvrait un nouveau monde. Elle n'avait plus peur. Elle ne se sentait plus seule. Elle courait sur le quai. Mais, où devait-elle aller ? Comment retrouver Farid ?

Ouverte en 1849, la Gare de Lyon se distingue des 6 autres gares parisiennes par son beffroi, tour carré haute de 67 mètres et portant sur ses quatre faces des cadrans d'horloge de 6,5 mètres de diamètre.

Elle réfléchissait et se souvenait que Franck lui avait parlé du studio de dessins animés dans le 12ᵉ. Elle devait y aller.

Lisa était montée dans le RER C. Son portable avait sonné. C'était un SMS. Valentin. Enfin. Il lui donnait rendez-vous le lendemain à la gare de Lyon.

Mais Lisa avait effacé[14] le message. Elle avait les dessins de Farid dans un carton et le petit chat dans un vieux sac noir. Elle pensait à Farid. Ses cheveux noirs et ses yeux marron. Comment Lisa avait-elle pu penser jusque là que ce garçon pas comme les autres n'avait rien de spécial, qu'il était ordinaire, presque laid ?

À Nation, dans les couloirs de la station RER, Lisa courait toujours. Elle n'avait vraiment plus peur maintenant. Elle était contente. Elle allait chercher Farid. Elle allait lui montrer ses dessins où les bulles n'étaient plus vides. Elle avait écrit les dialogues cette nuit. Seule la dernière image restait vide. Ils devaient la faire ensemble.

Lisa était montée dans le métro et, soudain, elle avait entendu quelqu'un dire derrière elle :

— Tu ne trouves que cette fille a l'air bizarre avec son carton et son vieux sac noir ?

— Oui, elle rit toute seule et elle parle à son sac !

I. Lisa a peur des voleurs

1. Quelle phrase convient le mieux à chaque personnage ? Cochez la bonne case.

	Lisa	Antoine	Chloé	Patrick
...ne s'intéresse qu'aux stars.				
...n'aime pas l'eau.				
...est le chef sur le *Batobus*.				
...imagine toujours des choses.				
...a été professeur de français.				
...vient de Toulouse.				
...voulait jouer au ballon.				
...ne doit pas montrer son inquiétude.				
...lit les textes que Lisa lui montre.				
...a eu 16 ans en juillet.				
...est la collègue de Lisa.				

2. Dites si les affirmations suivantes sont vraies ou fausses.

	vrai	faux
Lisa veut gagner de l'argent cet été pour voyager plus tard.		
Lisa a arrêté ses études en juin.		
Patrick a aidé Lisa a trouvé du travail.		
Chloé travaille aussi à la télé.		
Le garçon au sac noir est amoureux de Chloé.		
Valentin n'est pas parti en vacances pour être avec Lisa.		

3. Retrouvez l'ordre des mots qui se trouvent dans le chapitre.

SCRNMEIOIT _____   EARMLO _____

EITPCNAAI _____   STEKCIT _____

RGSPASAE _____   INSIOV _____

SNZGMIAAE _____   EUSTTOIRS _____

4. Que va-t-il se passer ? Dites si les événements suivants vont se produire dans la suite de l'histoire. Justifiez votre réponse.

a Lisa va découvrir qui est le garçon au sac noir.

☐ Oui   ☐ Non

Justification : _____ .

b Valentin va rejoindre Lisa à Paris pour passer l'été avec elle.

☐ Oui   ☐ Non

Justification : _____ .

2. Lisa a peur de faire du vélo

1. Qui est Lisa ?

Âge :

Lieu de naissance :

Quartier de résidence :

Profession de son père :

Nombre de frères et sœurs :

Lycée :

Classe :

Ses projets :

2. Associez les phrases.

1 Avec Franck à la maison, Lisa n'avait pas peur de

2 Franck ne veut pas aller dans les lieux où

3 La mairie avait transformé les quais de la Seine en plage pour

4 Le métro ne s'était pas arrêté à la station Corvisart

5 Lisa regrettait presque de

a vont tous les touristes.

b ne pas être partie en vacances.

c à cause d'un accident.

d rester seule à Paris.

e les parisiens qui ne partaient pas en vacances.

3. Cochez la bonne réponse.

a Le garçon qui attend Lisa s'appelle Franck. C'est...

☐ son copain.

☐ son cousin.

☐ son voisin.

b Lisa et Franck montent dans le bus numéro 69 pour...

☐ visiter Paris.

☐ se rendre au gymnase.

☐ aller sur les Champs-Élysées.

4. Retrouvez à quel monument correspondent les définitions suivantes.

☐ Le musée d'Orsay   ☐ Les Champs-Élysées

☐ La Tour Eiffel   ☐ Notre-Dame de Paris

a C'est un lieu très important pour les catholiques de Paris et pas seulement pour Quasimodo.

b Construite à la fin du XIXe siècle pour l'Exposition universelle, elle est en métal.

c On dit que c'est la plus grande et la plus belle avenue du monde.

d Dans cette ancienne gare, on peut voir des tableaux des impressionnistes comme Monet.

3. Lisa a peur du RER

1. Lisez ces deux textes. Lequel résume le mieux le chapitre 3 ?

Résumé 1 ☐
Lisa pense avoir perdu son travail. Elle ne sait pas pourquoi elle a quitté le batobus avant la fin de la journée et pourquoi elle a suivi le garçon aux cheveux noirs jusqu'à Montmartre. Malgré tout, le soir, Patrick vient chez elle pour s'excuser.

Résumé 2 ☐
Patrick va voir Lisa chez elle. Il lui annonce qu'il veut la garder dans son équipe. Il le fait pour ses parents qui sont ses voisins et ses amis. Mais, le lendemain, Lisa quitte son travail sans explication. Elle part avec le garçon au sac noir. Elle appelle Patrick pour s'excuser.

2. Dites si les affirmations suivantes sont vraies ou fausses.

	vrai	faux
Quand Lisa entend Chloé l'appeler, elle ne se retourne pas et continue à marcher.		
Le garçon au sac noir a pris le bus à Saint-Michel.		
Avant de quitter le *Batobus*, Lisa a changé de vêtements.		
Lisa attend dans le café où on a tourné le film « Le fabuleux destin d'Amélie Poulain ».		
Lisa profite de sa balade à Montmartre pour visiter le Sacré-Cœur.		
Dans la soirée, Patrick retourne sur le *Batobus* avec Lisa.		

3. Cherchez, dans la grille ci-dessous, douze mots du chapitre 3.

Z	R	S	C	I	N	A	E	A	F	T	Z	I	P	P
V	E	T	C	L	E	F	S	G	O	C	U	L	U	I
E	V	B	R	O	U	E	D	E	S	A	R	I	B	S
A	E	R	O	B	C	E	Z	N	I	F	B	M	C	C
M	I	A	U	N	I	F	O	R	M	E	C	E	A	I
B	L	N	S	H	N	V	G	O	L	A	R	Y	N	N
O	N	C	S	C	E	G	S	U	R	P	R	I	S	E
S	E	H	E	N	M	O	M	E	F	O	A	N	K	E
A	P	E	C	D	A	L	U	N	E	T	T	E	S	U
C	U	S	E	S	E	C	A	P	I	T	A	I	N	E

👆 Projet Internet

Dans ce chapitre, Lisa se retrouve dans le quartier de Montmartre. Cherchez des informations complémentaires sur ce célèbre quartier parisien : localisation, histoire, personnages célèbres, etc. Laquelle de ces informations vous semble la plus intéressante ?

4. Lisa a peur des attentats

1. Remettez dans l'ordre les phrases du chapitre.

☐ Le lendemain, le garçon est monté à Notre-Dame. Chloé a appelé Lisa.

☐ Lisa a trouvé un gros carton. Elle a tout de suite pensé à une bombe.

☐ Le garçon lui a demandé si elle n'avait pas y trouvé un carton sous un banc. Elle le lui a donné.

☐ Il y avait des bulles de savon et des dessins dont un joli portrait de Lisa.

☐ Patrick a ouvert le carton.

2. Répondez aux questions suivantes.

1 Lisa sait-elle enfin pourquoi elle a décidé de suivre le garçon au sac noir ?
_____

2 Quelle est la réaction de Lisa quand elle découvre ce qu'il y a dans le carton ?
_____

3 Pourquoi le lendemain, la journée de Lisa a-t-elle mal commencée ?
_____

3. Quelle phrase convient le mieux à chaque personnage ? Cochez la bonne case.

	Lisa	Patrick	Le garçon
...ne comprend pas la réaction de Patrick.			
...est quelqu'un qui a horreur des disputes.			
...connaît le prénom de Lisa.			
...dit de mettre le carton dans la cabine.			
...trouve les dessins magnifiques.			
...arrive très tôt sur le bateau.			
...monte dans le bateau à la station Saint-Michel.			

4. Lisez ces définitions et retrouvez les mots dans le chapitre.

a Lieu où on prend le train. Une _____.

b Spécialité culinaire bretonne. On les mange salées ou sucrées. Les _____.

c Moyen de transport métropolitain. Le plus souvent souterrain. Le _____.

d Période pendant laquelle on ne travaille pas. Les _____.

e Tenue de travail : un _____.

f Ensemble de petits grains minéraux qui recouvrent la plage. Le _____.

g Quand on ne comprend pas une situation, elle reste un _____.

5. Lisa a peur de la foule

1. Répondez aux questions en cochant la bonne réponse.

a Patrick a demandé à Lisa...

☐ d'attendre son appel.

☐ de conduire le *Batobus*.

☐ de l'accompagner à un concert.

b Patrick a expliqué à Lisa...

☐ qu'il avait eu un accident.

☐ que le moteur du *Batobus* était cassé.

☐ que le garçon au sac noir allait l'aider.

c Lisa revient sur le *Batobus* après...

☐ trois heures de repos chez Franck.

☐ trois semaines de vacances en Bretagne.

☐ trois jours de travail sur un autre bateau.

d Après son travail, Lisa va rue Lepic...

☐ pour rendre visite à Chloé.

☐ pour un rendez-vous professionnel.

☐ pour en savoir plus sur le garçon au sac noir.

2. Relisez le chapitre 5 et retrouvez le contraire des mots ci-dessous :

a légères   ≠ _____

b terminer   ≠ _____

c adorer   ≠ _____

d rentrer   ≠ _____

e courts   ≠ _____

f monter   ≠ _____

g petite   ≠ _____

3. Relisez le chapitre 5 et notez ce que Lisa aime et n'aime pas dans les deux quartiers ci-dessous.

Châtelet-les-Halles ☺	Beaubourg 😐

6. Lisa a peur d'être malade

1. Dites si les affirmations suivantes sont vraies ou fausses.

	vrai	faux
Lisa découvre un petit chat dans la cabine de Patrick.		
On appelle un médecin car une femme a été attaquée par un rat.		
Franck invite Lisa au restaurant.		
Franck fait du judo avec le garçon au sac noir.		
Le garçon au sac noir rejoint Franck et Lisa pour prendre un verre.		
Franck rencontre son grand frère dans la rue.		

2. De retour chez elle, Lisa envoie un courriel à ses parents pour leur raconter sa journée. Écrivez ce courriel.

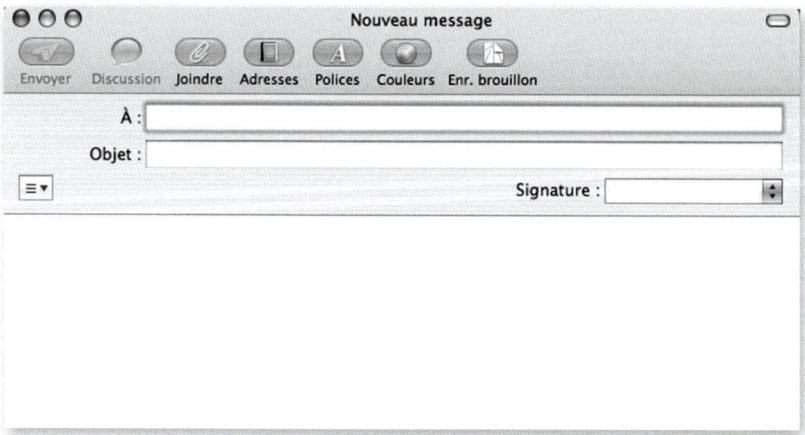

3. Complétez la grille avec les mots qui correspondent aux définitions ci-dessous.

Horizontal

1. On les cherche sur un plan.
2. Un terroriste en pose. / Participe passé de pouvoir.
4. Petit mot qui va avec « pas ».
5. On le fait à la fin d'un spectacle.
7. Lisa a _____ de tout. / Sentiment quand on aime.
8. Le contraire du Nord. / Même que 4.
9. Même que 4 et 8.
10. Au théâtre, on en joue et, au cinéma, on en tourne. / En Bretagne, on la voit.

Vertical

1. Petit mot comme « et » ou « après ».
2. Dans les moments difficiles, c'est important d'en avoir.
3. Un maillot _____ bain.
4. Impératif du verbe partir.
5. C'est un train. / Féminin de un.
6. Ils sont _____ parce qu'ils ont mangé trop de chocolat.
7. 3e personne du singulier du verbe être.
8. Il, elle et _____ .
9. Grande peur.
10. Participe passé du verbe voir. / Avec.

7. Lisa a peur de l'eau

1. Quelle phrase convient le mieux à chaque personnage ? Cochez la bonne case.

	Chloé	Lisa	Franck	Farid	Kévin
...ne comprend pas la réaction de sa cousine.					
...a promis de ne rien dire.					
...ressent de la colère et de la jalousie.					
...déteste répondre aux questions des enfants.					
...ne reste pas tranquille sur le bateau.					
...tombe à l'eau et ne sait pas nager.					
...plonge pour sauver l'enfant.					
...prend un taxi pour rentrer à la maison.					
...a reçu un appel de Farid.					
...a eu le coup de foudre pour Lisa en la voyant à la piscine.					

2. Que savez-vous de Farid ? Notez les informations que vous trouvez dans le chapitre.

Farid : _____
_____
_____
_____
_____

3. Lisez ces définitions et retrouvez les mots dans le chapitre.

1. Synonyme de « se quereller » : _____ .
2. Information que l'on ne peut pas révéler. Un _____ .
3. Question à laquelle on ne sait pas répondre. Une _____ .
4. Adjectif qui caractérise une personne réticente à l'autorité : _____ .
5. Objet que l'on lance à quelqu'un qui est en train de se noyer. Une _____ .
6. Quand on tombe amoureux dès la première rencontre, on a un _____ _____ _____ .

8. Lisa n'a plus peur

1. Répondez aux questions en cochant la bonne réponse.

a Franck et Lisa...

☐ ne parle plus de Farid.

☐ partent en vacances avec Farid.

☐ invitent souvent Farid à la maison.

b Lisa appelle « Mystère et Marketing » et...

☐ obtient un rendez-vous pour du travail.

☐ comprend ce qu'est un « client mystère ».

☐ n'en sait pas plus sur les activités de Farid.

c Pourquoi Lisa emmène-t-elle Franck passage Brady ?

☐ C'est un lieu à la mode.

☐ Les étudiants y font la fête.

☐ On peut manger de la cuisine indienne.

d Pendant que Franck et Lisa sont au restaurant, Farid...

☐ les attend dehors.

☐ laisse une BD sur la porte.

☐ a rendez-vous avec Chloé.

2. Complétez les phrases.

a Lisa a interdit à son cousin de _____

b Grâce à sa cousine, Franck savait maintenant que _____

c Avant d'aller sur la *Batobus*, Lisa était allée rue Lepic pour _____
_____

⚙ Réflexion culturelle

Et chez vous, c'est comme ça ?

À travers cette lecture, vous avez traversé Paris avec Lisa. Quels sont les quartier que vous avez le plus aimés ? Pourquoi ? Et dans votre ville, quels sont les quartiers les plus touristiques ? Que viennent voir les touristes ?

Dossier culturel

Gastronomie parisienne

On connaît tous Paris pour la richesse et la variété de son patrimoine architectural. On sait aussi que la capitale française est riche en musées et compte de nombreuses et importantes salles de spectacles.

Quand on pense à Paris, on a aussi en tête la mode, les parfums… On pense moins souvent à la gastronomie parce que, quand on évoque la cuisine française, c'est en fait un ensemble de plats en provenance des quatre coins de l'Hexagone dont on parle, et même au-delà. Pourtant, Paris et sa région recèlent de nombreux trésors culinaires en allant de l'archi-célèbre croissant parisien jusqu'au non moins fameux champignon de Paris en passant par le fromage tel que le Brie de Meaux ou la prune Reine Claude, pour ne citer que quelques exemples.

Une recette simple et légère pour réussir un bon dessert.

Flan à la parisienne
Pour 6 personnes | Préparation : 15 minutes | Cuisson : 35 à 45 minutes

Ingrédients :
- 1 pâte brisée sucrée toute prête
- 100 g de fécule de maïs
- 150 g de sucre
- 2 gousses de vanille
- 3 œufs
- 1 litre de lait entier

Préparation :

1. Garnir un moule à manqué (24 cm de diamètre) avec la pâte brisée en conservant la feuille de cuisson. La piquer de quelques coups de fourchettes.

2. Préchauffer le four à 220/225°C.

3. Couper les gousses de vanille en deux dans le sens de la longueur. Raclez l'intérieur des demi-gousses à l'aide de la pointe d'un couteau pour en sortir les graines.

4. Dans une casserole, verser la fécule de maïs, le sucre, les graines de vanille, les œufs en ajoutant le lait froid petit à petit et en fouettant sans cesse.

5. Mettre sur le feu moyen en remuant sans cesse au fouet jusqu'au premier bouillonnement. Le liquide commence à épaissir.

6. Verser la préparation sur le fond de pâte.

7. Mettre une feuille de papier aluminium sur la tarte pour que le dessus ne brûle pas.

8. Enfourner sans attendre.

9. Cuire la tarte entre 35 à 45 minutes jusqu'à ce que la pâte soit cuite.

10. Laisser bien refroidir, le goût de la vanille ressort alors beaucoup mieux !

Vous connaissez certainement des plats typiques de la gastronomie française. Lesquels ? Pourriez-vous les situer sur une carte de France ?

Parmi les exemples citées de la gastronomie parisienne, les connaissiez-vous ? Avez-vous eu l'occasion d'en manger ?

À votre tour, listez les éléments qui définissent la gastronomie de votre ville, région ou pays ?

Dossier culturel

Visites de Paris

Lisa travaille sur un batobus. Voilà une façon bien originale de découvrir Paris ! Ce bateau n'est en principe pas destiné à réaliser des parcours touristiques mais à transporter les personnes d'un point à l'autre le long de la Seine. C'est un véritable service de navettes qui comprend huit stations mais il est vrai que les Parisiens l'utilisent de moins en moins pour se déplacer alors que les touristes le choisissent de plus en plus pour partir à la découverte de la capitale.

En fait, il y un autre service de bateaux sur la Seine véritablement conçu pour les touristes, c'est celui des célèbres bateaux-mouches. Ces bateaux « de verre et de lumière » sillonnent le fleuve parisien pour le plaisir des poètes, des amoureux, des curieux… qu'il fasse beau, qu'il pleuve, qu'il neige, qu'il fasse froid ou qu'il fasse chaud.

À part le bateau, il y a bien sûr d'autres façons originales de visiter Paris. On peut par exemple le faire sur un deux roues grâce au service que propose le Vélib ; plus original encore, on peut opter pour découvrir la capitale sur des rollers… Ils sont des centaines à se donner rendez-vous le vendredi soir pour faire la traversée de Paris.

Cherchez des renseignements sur ces moyens de visiter Paris.
Si vous deviez en choisir un, lequel préféreriez-vous ? Avez-vous déjà visité Paris ? Quel moyen de transport avez-vous emprunté ?

Si un touriste français visite votre ville, quel moyen de transport lui conseilleriez-vous pour la découvrir ?

Dossier culturel

Vacances en Bretagne

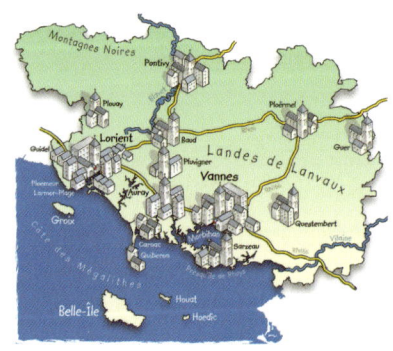

Lisa se rappelle les vacances en famille. Elle partait avec ses parents et son petit frère sur l'île de Groix. C'est une petite île du Morbihan, département de la Bretagne sud. Pour se rendre sur l'île, il suffit de prendre le bateau qui fait la navette entre Lorient et Port-Tudy, le port de pêche et de plaisance de Groix. La traversée dure quarante-cinq minutes.

Les visiteurs adorent se promener sur les Grands Sables, la plage principale de l'île ou faire une promenade à pied ou à vélo et découvrir les maisons de pêcheur traditionnelles qui remontent au XIXe siècle pour la plupart.

Parmi les curiosités de l'île, il faut bien sûr retenir la célèbre sépulture viking découverte au début du XIXe siècle.

Le célèbre chanteur-compositeur breton, Gilles Servat a écrit deux superbes textes sur l'île, **L'île de Groix** et **Retrouver Groix**.

Cherchez des renseignements sur les sites à visiter sur l'île de Groix. Qu'a-t-on trouvé dans la sépulture viking ? Élaborez la liste (disponible sur Internet).

Cherchez sur Internet les paroles des chansons de Gilles Servat (et écoutez-les). Vous pouvez préparer une petite présentation du chanteur et découvrir d'autres textes qu'il a écrit.

GLOSSAIRE — Un été à Paris

Français	Anglais	Espagnol	Italien
1. Lisa a peur des voleurs			
[1] craindre qc	to fear	temer	temere qc
[2] moniteur (m.)	instructor	monitor	istruttore
[3] escale (f.)	stopover	escala	scalo
[4] sursauter	to jump	sobresaltarse	sussultare
[5] remarquer qn	to notice	fijarse en alguien	notare qcn
[6] dès	from/on	desde	da
[7] se prendre pour	to take oneself for	creerse superior	credersi di essere
[8] matelot (m.)	sailor	tripulación de un barco	equipaggio (di una nave)
[9] si… que…	so…that	tan… que…	così… che…
[10] Toulousain (m.)	from Toulouse	natural de Toulouse	abitante di Tolosa
[11] avoir une idée derrière la tête	to have a hidden agenda	tramar algo	frullare in testa un'idea a qcn
[12] saint-Bernard (m., f.)	good Samaritan	samaritano	samaritano
[13] confondre	to be mistaken	confundir	confondersi
[14] raisonner	to reason	pensar	ragionare
[15] prince charmant (m.)	prince charming	príncipe azul	principe azzurro
[16] au sujet de	about	con respecto a	nel rispetto di
[17] pickpocket (m.)	pickpocket	carterista	borseggiatore
[18] espion (m.)	spy	espía	spia
[19] quand même	why	justamente	comunque
[20] histoire à dormir debout	cock-and-bull / unbelievable story	historias para no dormir	storia per non dormire
[21] faire la morale à qn	to tell what to do	sermonear a alguien	fare la morale a qcn
[22] engager	to hire	contratar	assumere
[23] pollution (f.)	pollution	contaminación	inquinamento
2. Lisa a peur de faire du vélo			
[1] bijou (m.)	jewel	adorno	gioiello
[2] sapin de Noël (m.)	Christmas tree	árbol de Navidad	abete di Natale

Un été à Paris

GLOSSAIRE

Français	Anglais	Espagnol	Italien
[3] **d'ailleurs**	in fact	además	d'altronde
[4] **ceinture** (f.)	belt	cinturón	cintura
[5] **beaux-arts** (f. pl.)	Art	bellas artes	belle arti
[6] **pollué**	polluted	contaminado	inquinato
[7] **cimetière** (m.)	cimetary	cementerio	cimitero
[8] **vivant**	lively	vivo	vivo
[9] **bouquiniste** (f.)	seconhand bookseller	librero de viejo	libraio di libri vecchi
[10] **quai** (m.)	warf	orilla	lungofiume
[11] **bol** (m.)	bowl	tazón	vaso
[12] **jour férié** (m.)	bank holiday	día festivo	giorno festivo
[13] **algérien**	Algerian	argelino	algerino
[14] **du coup**	and this is why	de resultas	perciò
[15] **regretter**	to regret	lamentar	pentirsi
[16] **quelle galère !** (fam.)	what a pain!	¡qué rollo!	chè casino
[17] **seul**	alone	solo	solo
[18] **même si**	even though	aunque	anche se
[19] **petit écran** (m.)	tv	televisión	piccolo schermo
[20] **louche**	shady	sospechoso	losco
[21] **c (c'est)**	it's	es	è
[22] **Ccile (Cécile)**	Cécile	Cécile	Cécile
[23] **bo (beau)**	beautiful	bonito	bene
[24] **gnial (génial)**	great	genial	geniale
[25] **g (j'ai)**	I have	tengo	io ho
[26] **cop1 (copain)**	mate	novio	ragazzo
[27] **kdo (cadeau)**	present/gift	regalo	regalo
[28] **à + (à plus tard)**	see you later	hasta luego	a presto

3. Lisa a peur du RER

[1] **impression** (f.)	impression	sensación	impressione
[2] **escalator** (m.)	escalator	escalera mecánica	scala mobile

Un été à Paris

Français	Anglais	Espagnol	Italien
[3] **interminable**	never ending	interminable	interminabile
[4] **perdre qn des yeux**	to lose sight of	perder de vista a alguien	perdere di vista qcn
[5] **quai** (m.)	warf	andén	banchina
[6] **sur un coup de tête**	on an impulse	en un abrir y cerrar de ojos	in un aprire e chiudere di occhi
[7] **bosser** (fam.)	to work	trabajar	lavorare

4. Lisa a peur des attentats

Français	Anglais	Espagnol	Italien
[1] **mystère** (m.)	mystery	misterio	mistero
[2] **personnalité** (f.)	personality	personalidad	personalità
[3] **entourer qc de qc**	to surround	envolver algo con algo	circondare qc di qc
[4] **bulle** (f.)	bubble	pompa	bolla
[5] **occasion** (f.)	occasion/opportunity	Ocasión	occasione
[6] **loin des yeux, loin du cœur**	out of sight, out of mind	ojos que no ven, corazón que no siente	lontani dagli occhi, lontano dal cuore
[7] **jeter**	to throw away/out	tirar	buttare

5. Lisa a peur de la foule

Français	Anglais	Espagnol	Italien
[1] **coup de fatigue** (m.)	to feel tired	bajón	colpo di stanchezza
[2] **cela fait plaisir de**	it's great to	da gusto	è un piacere
[3] **clocher** (fam.)	wrong	no cuadrar	non quadrare
[4] **mystérieux**	mysterious	misterioso	misterioso
[5] **sans cesse**	always/non-stop	constantemente	senza smettere
[6] **plaque** (f.)	plaque	placa	targa
[7] **souterrain**	underground	subterráneo	sotterraneo
[8] **faire du roller**	to rollerskate	patinar	pattinare
[9] **éviter de**	to avoid to	procurar	evitare
[10] **trafic** (m.)	traffic/dealing	tráfico	affare
[11] **doux**	mild	suave	mite
[12] **enchanté**	delighted	encantado	incantato

Un été à Paris

GLOSSAIRE

Français	Anglais	Espagnol	Italien
6. Lisa a peur d'être malade			
[1] **si possible**	if possible	si puede ser	di essere possibile
[2] **la vache !** (fam.)	gosh!	¡madre mía!	mamma mia
[3] **avoir la tête dans le plâtre** (fam.)	to feel sick	estar enfermo	essere malato
[4] **protégé**	protégée	protegido	protetto
[5] **n'importe quoi**	anything	cualquier cosa	qualsiasi cosa
[6] **restau** (m.) (fam.)	restaurant	restaurante	ristorante
[7] **casque** (m.)	headphones	cascos	cuffia
[8] **dégueulasse** (m., f.) (fam.)	disgusting	mezquino	orribile
[9] **braquer** (fam.)	to rob	atracar	rapinare
[10] **se changer les idées**	to take one's mind off smthing	distraerse	prendere un colpo d'aria
7. Lisa a peur de l'eau			
[1] **promettre**	to promise	prometer	promettere
[2] **trafiquer**	to traffic/to deal	tramar	trafficare
[3] **escalader**	to climb over	trepar	scalare
[4] **rebord** (m.)	side	borde	bordo
[5] **récupérer**	to rescue	rescatar	recuperare
[6] **bouée** (f.)	buoy/lifesaver (around the waist)	salvavidas	boa
[7] **plonger**	to dive	zambullirse	immergersi
[8] **maître-nageur** (m.)	lifeguard	socorrista	istruttore di nuoto
[9] **peu à peu**	slowly but surely	poco a poco	a poco a poco
8. Lisa n'a plus peur			
[1] **absolument**	absolutely	a toda costa	assolutamente
[2] **iranien**	iranian	iraní	iraniano
[3] **afficher**	to post	fijar	affiggere
[4] **trait de crayon** (m.)	style	trazo	drappeggio
[5] **bouleverser**	to move deeply	emocionar	sconvolgere

GLOSSAIRE

Un été à Paris

Français	Anglais	Espagnol	Italien
[6] **forcément**	inevitably	forzosamente	per forza
[7] **dessin animé** (m.)	cartoon	dibujo animado	disegno animato
[8] **insister**	to insist	insistir	insistere
[9] **faire l'article de qc**	to give sb the sales pitch	poner por las nubes	porri sugli altari qcn
[10] **têtu** (fam.)	stubborn	testaruda	testone
[11] **griffe**	claw	uña	mostrare i denti
[12] **durement**	harshly	duramente	duramente
[13] **avoir la tête dure** (fam.)	to be thickheaded	ser testarudo	essere testone
[14] **effacer**	to erase	borrar	cancellare

Notes

Notes

Notes

Ce roman a été
imprimé au
printemps 2012